DES ARMES

SE CHARGEANT PAR LA CULASSE

PAR

CHALLETON DE BRUGHAT

INGÉNIEUR

PARIS

LIBRAIRIE POLYTECHNIQUE DE J. BAUDRY, ÉDITEUR

15, RUE DES SAINTS-PÈRES, 15

DES ARMES

SE CHARGEANT PAR LA CULASSE

PARIS — IMP. SIMON RAÇON ET COMP., RUE D'ERFURTH, 1.

DES ARMES

SE CHARGEANT PAR LA CULASSE

PAR

CHALLETON DE BRUGHAT

INGÉNIEUR GÉOGRAPHE

PARIS

LIBRAIRIE POLYTECHNIQUE DE J. BAUDRY, ÉDITEUR

15, RUE DES SAINTS-PÈRES, 15

—

1866

HISTORIQUE

Les grands événements survenus en Bohême, les échecs successifs de l'armée autrichienne, la défaite de cette belle armée à Sadowa, ont enfin éveillé l'attention des hommes spéciaux et de tous les militaires, et leur ont fait voir qu'il était désormais nécessaire de rompre avec la routine, et qu'il fallait à l'avenir donner aux armées des fusils *se chargeant par la culasse*.

Pour que d'aussi bonnes troupes que les troupes autrichiennes, commandées par des généraux habiles, n'aient pu tenir en aucune rencontre, et définitivement en bataille rangée, contre les forces prussiennes, dont on n'exalte ni n'abaisse le mérite, il faut nécessairement, absolument, pour ainsi dire, que l'armement des Autrichiens soit inférieur à celui de leurs adversaires. Le nombre des blessés et des morts dans les rangs autrichiens, comparé à celui des blessés et des morts prussiens, prouve que l'action des hommes a été en dehors, que la multiplicité des feux a seule causé ces ravages et donné le succès.

L'entrain des Prussiens, leur décision stratégique et l'habileté de leurs généraux ne sont pas contestés. Le Français est trop sûr de lui-même pour ne pas rendre justice à qui la mérite sur le champ de bataille, mais il connaît, pour l'avoir éprouvée, la solidité des troupes autrichiennes, et il s'étonnerait des revers répétés et désastreux pour leur renommée, si le secret des victoires de la Prusse n'était dévoilé par l'importance et la fréquence même de ces victoires.

C'est évidemment à leurs fusils se chargeant par la culasse, dits *fusil à aiguille*, que revient l'honneur des faits d'armes accomplis en Bohême par les armes prussiennes.

Que ce fusil, ou tout autre système se chargeant par la culasse, n'ait pas été, immédiatement après la guerre du Danemark, adopté par les autres puissances, à qui on en avait proposé de supérieurs, comme nous le ferons voir dans le cours de ce mémoire, cela tient à l'incurie et à la force d'inertie que rencontre toute invention nouvelle quand elle doit être examinée et adoptée par un corps spécial. Les bateaux à vapeur furent repoussés comme idée folle et impossible ; les fusils se chargeant par la culasse étaient laissés dans l'oubli.

Mais que l'Autriche ait négligé, soit de s'approprier l'arme prussienne ou un système meilleur d'armes se chargeant par la culasse, après avoir constaté les résultats terribles que donne ce genre de fusils, cela ne peut tenir qu'aux défauts nombreux que les officiers autrichiens avaient reconnus au fusil à aiguille. On s'explique difficilement que, frappée de la multiplicité des tirs, même défectueux, alors que la politique menaçait d'armer les Autrichiens contre les Prussiens, on s'explique difficilement, dis-je, qu'à ce moment l'Autriche ne se soit pas préoccupée de trouver parmi les armes inventées un système qui pût lui assurer une supériorité ou tout au moins équilibrer les forces, car en combattant elle devait bien s'attendre à une infériorité de feux dont elle subit en ce moment les inévitables conséquences, conséquences qui seront toujours les mêmes, toutes les fois qu'une armée aura des armes se chargeant par la culasse et combattra une armée routinière, armée des carabines anciennes.

Nous allons essayer de montrer par quelles phases diverses a passé la question des armes à feu depuis l'invention de la poudre jusqu'à nos jours pour arriver aux perfectionnements que nous proposons, et faire voir combien nous sommes loin de l'arquebuse à *rouet* et à *mèche* des soldats de Louis XIII et même du fusil à pierre. La découverte du fulminate d'argent, en 1820, dont les effets sont tels, que la poudre à canon ordinaire semble un agent paresseux, permit de l'utiliser pour l'amorce des armes de chasse, puis bientôt après pour l'amorce des armes de guerre. Le vieux fusil à silex, qui avait servi dans tant de luttes, disparut, et fut remplacé par le fusil à percussion, auquel on ne cessa de faire des modifications et qui ne pouvait devenir une arme complète que par son chargement rendu possible par la culasse, ce que nous avons réussi à réaliser complétement.

L'origine des armes à feu portatives remonte au commencement du quatorzième siècle; ce n'étaient, à proprement parler, que des armes de rempart ou de position, fort lourdes, de très-gros calibre, ne pouvant pas être tirées à bras.

Les arquebuses dites à croc présentaient, vers la partie antérieure, un crochet que l'on appliquait sur la paroi externe des créneaux, et qui supportait le recul de l'arme; on mettait le feu à la charge au moyen d'une mèche.

Ces armes grossières se perfectionnèrent rapidement : on

attacha bientôt la mèche à un mécanisme très-simple nommé *serpentin*. L'arme fut allégée et devint réellement portative, le calibre fut considérablement diminué, et l'on put songer à faire supporter par le tireur l'action du recul.

L'usage des cuirasses étant presque général, on songea d'abord à recourber le fût (ou crosse), de manière à appliquer l'arme sur la poitrine ; de là le nom de pétrinal ou poitrinal donné à ces armes.

Pour rendre l'arme portative et maniable, et pour avoir un recul très-supportable, on réduisit tellement le calibre que les effets de l'arme furent énormément diminués.

Les Espagnols revinrent à une arme plus lourde et de plus gros calibre ; cette arme, nommée *mousquet* (commencement du seizième siècle), se tirait à l'épaule ; cependant, en raison de son poids, on devait appuyer le bout du canon sur une béquille.

Le mousquet était une bonne arme de jet, mais ne pouvait servir d'arme de main. Dans les combats rapprochés, les *mousquetaires*, devenus inutiles, devaient se ranger derrière les piquiers, qui seuls pouvaient agir.

L'invention de la baïonnette permit d'employer le mousquet, modifié comme arme de main. Vers la même époque on imagina un mécanisme qui, par la percussion d'un silex contre une pièce d'acier, produisait l'étincelle nécessaire pour enflammer la charge.

L'arme un peu allégée, munie de sa bayonnette et de la platine à silex, prit le nom de fusil, du mot italien *focile*, (pierre à feu).

La platine à silex a été employée en France jusqu'en 1840, époque à laquelle on a adopté le système à percussion actuellement encore en usage chez la plupart des nations.

Pour bien reconnaître les avantages qui résulteront de l'adoption d'armes se chargeant vite et à balle forcée, ce qui

n'est possible qu'avec une arme se chargeant par la culasse,
comme cela est démontré aujourd'hui, il est bon de se rendre compte des causes qui rendaient le tir du fusil à canon
lisse si irrégulier, et par quels moyens on a pu y remédier
en partie, ce qui a eu lieu par l'introduction de la rayure
du canon. Quand on aura par cet examen la mesure de la
justesse de tir des armes actuelles comparées à celles de
nos armes, sur lesquelles nous appelons l'attention aujour-
d'hui, on comprendra sans peine que les armes actuelles ont
fait leur temps et que leur remplacement par des armes se
chargeant par la culasse est nécessaire.

Examen du tir avec le fusil d'infanterie à canon lisse employé dans l'armée avant 1857.

Pour pouvoir charger une arme par la bouche, on était
obligé de donner à la balle un calibre plus petit que celui
du canon ; la différence qui existait entre le calibre de la
balle et celui du canon était ce que l'on nommait le *vent*.

La balle ronde, en usage jusqu'en 1857, avait un calibre
de $16^{mm},7$; elle était tirée dans un canon de 18^{mm}. Le vent
était donc de $1^{mm},3$.

Par suite de ce *vent*, lorsque l'arme était en joue et prête
à faire feu, la balle reposait généralement sur la partie inférieure du canon, laissant entre elle et la paroi supérieure
une issue par laquelle les gaz tendaient à s'échapper au
moment de l'inflammation de la poudre ; de la sorte la balle
n'était pas seulement poussée dans le sens de l'axe du canon,
mais elle était encore pressée et choquée contre les parois par
l'action des gaz qui agissaient sur la partie supérieure ; la
balle réfléchie par la partie inférieure de l'âme allait frapper
la partie supérieure où elle était réfléchie une seconde fois,

de sorte que son trajet dans l'intérieur du canon s'effectuait par une série de battements irréguliers, et que la balle sortait, non pas suivant l'axe du tube, mais suivant la direction du dernier battement.

Par le fait seul de ces battements, la balle prenait, à chaque coup de fusil, une direction initiale différente, bien que l'arme fût chargée et disposée constamment de la même manière.

Mais les battements causés par le *vent* dans l'intérieur du canon ne faisaient pas seulement varier la direction initiale de la balle; ils lui communiquaient en outre un mouvement de rotation irrégulier qui déterminait dans l'air des résistances tendant à changer à chaque instant la durée du trajet et la forme de la trajectoire.

Tout le monde sait qu'en imprimant à une bille de billard un mouvement de rotation convenable, on parvient à lui faire suivre une route curviligne, et que la direction et la forme de cette courbe dépendent de l'énergie de la rotation et du sens dans lequel on fait tourner la bille. La balle ronde, traversant l'air avec un mouvement de rotation rapide, éprouve de la part de ce fluide des résistances qui produisent des effets analogues à ceux qu'on a remarqués sur un tapis de billard.

On comprend donc que la balle, ne tournant pas chaque fois, ni dans le même sens, ni avec la même force, décrive à chaque coup une courbe différente.

L'expérience montre que les déviations engendrées par ces mouvements de rotation irréguliers sont bien plus considérables que celles qui proviennent des variations de direction initiale.

Par suite des battements, des mouvements *de direction irréguliers* qu'ils engendrent, et d'autres causes moins énergiques agissant en même temps que les deux premières, occasionnant des déviations, il arrivait que la balle, malgré tous les soins apportés dans le tir du fusil d'infanterie s'écartait du but horizontalement ou verticalement en moyenne :

de $0^m,27^{mm}$ à 100^m
de 0 ,60   150
de 1 ,03   200
de 3 ,38   300
de 6 ,56   400

Pour le démontrer, suivons pas à pas les efforts qui furent faits pour tâcher d'arriver à améliorer les fusils à canon lisse.

D'après ce que nous avons dit du tir du fusil à canon lisse et à balles rondes, on peut sans peine comprendre qu'on fut frappé des nombreux inconvénients qu'il présentait, de l'irrégularité de son tir, et de son peu de portée.

On chercha donc à supprimer le vent et les battements qui en étaient la conséquence, ainsi que les mouvements irréguliers de rotation qui faisaient dévier la balle dans l'air.

C'est alors qu'on chercha de différentes manières à forcer les balles ou à se rapprocher du forcement.

On chercha à supprimer les battements en s'efforçant de tirer des balles ayant exactement le calibre de l'âme du canon ; mais avec le chargement par la bouche cela était matériellement impossible, aussi les essais portèrent-ils tous sur les moyens, soit de forcer la balle après son entrée à l'aide d'une tige, de la baguette ou du maillet, ou à produire ce forcement pendant la déflagration, en déformant la balle par l'action des gaz, mode de forcement qu'on appela *par expansion*.

Mais cette amélioration était et sera toujours insuffisante pour régulariser le tir du fusil. L'expérience prouve, en effet, qu'une balle ainsi forcée prend, par suite de la résistance de l'air, des mouvements irréguliers qui ne tardent pas à produire des déviations très-considérables. Il fallait donc de toute nécessité empêcher les rotations irrégulières de se produire.

Origine des armes rayées.

Il n'y a guère qu'un siècle (1745) que l'on s'est rendu compte de l'influence réelle du mouvement de rotation des projectiles sur leurs déviations, et qu'il a été reconnu que ces déviations pouvaient être en quelque sorte régularisées en imprimant aux projectiles un mouvement de rotation régulier et dans un sens déterminé, à l'aide de rayures pratiquées dans l'intérieur des armes à feu. Bien avant cette époque, il existait cependant des armes rayées; mais tous les auteurs s'accordent à penser que cette disposition, à laquelle on avait reconnu de grands avantages, provenait du hasard et non du raisonnement.

Les baguettes en fer lourdes et massives dont on se servait pour introduire, par-dessus la charge des premières armes à feu, le tampon en bois dont le but était de diminuer les inconvénients du *vent* et de donner au gaz produit par la poudre le temps de se développer, y déterminaient, au bout d'un certain temps d'usage, des stries, des cannelures irrégulières. Plus tard, avec les progrès apportés dans la fabrication des armes, dans celle de la poudre, dont la combinaison était devenue plus rapide, on supprima le tampon en bois, et l'on introduisit directement dans l'âme (*vide intérieur*) de l'arme à feu des projectiles d'un calibre aussi fort que celui du canon, on les entrait de force, on les déformait ou les écrasait dans le canon pour leur faire acquérir un diamètre plus grand que l'âme du canon dans ses parties moyenne et supérieure; mais un service prolongé y creusait encore des rayures informes. L'observation ayant fait remarquer que ces raies creuses, en permettant aux résidus de la poudre de s'y loger, facilitaient le chargement et la prolongation du tir, on fut conduit à pratiquer dans le canon des cannelures régulières, et ce fut sans doute cette remarque qui donna à Gaspard Zollner, de Vienne (Autriche), vers 1498, l'idée de pratiquer dans les armes des rayures droites, c'est-à-dire parallèles entre elles et à l'axe du canon.

Les rayures droites n'eurent d'autre effet que celui d'empêcher le projectile, forcé de les suivre, de prendre dans l'arme un mouvement de rotation irrégulier en évitant les battements. A la sortie du canon il était livré, sous ce rapport, à toute l'influence de la résistance de l'air; aussi les rayures inclinées sur l'axe du canon, tout en restant parallèles entre elles, suivirent de près les rayures droites; le hasard et l'expérience les ayant sans doute fait juger plus favorables au tir. Sans entrer dans toutes les controverses qui se sont élevées sur ce sujet, nous dirons que l'opinion la plus accréditée attribue ces rayures à Auguste Kotter (et non Koller), de Nuremberg, de 1500 à 1520. Le projectile, forcé de suivre un tel genre de rayure, possédait donc dans l'âme, et par suite pendant son trajet dans l'air, un mouvement de rotation autour d'un axe qui devait se confondre avec l'axe du canon ou la direction du mouvement de translation; il se trouvait dès lors dans les conditions favorables pour prévenir les causes de déviations dues à la résistance de l'air.

On appela carabine, à cette époque, toute arme rayée; les

carabines paraissent avoir été employées pour la première fois, comme armes de guerre, en 1625, dans les armées de Pologne. En 1641 la Bavière possédait un régiment de chasseurs armé de carabines. Sous Louis XIV il y eut en France quelques armes rayées, mais elles ne faisaient qu'y paraître; telle fut, par exemple, l'amusette, du maréchal de Saxe, arme spécialement destinée à la cavalerie et qui se chargeait par la culasse; mais sa fermeture défectueuse la fit abandonner. Ce qui est remarquable, c'est qu'une idée juste peut sommeiller pendant longtemps, mais elle ne meurt pas; on la voit reparaître à des intervalles éloignés, mais toujours marcher. L'idée du chargement des armes par la culasse n'a cessé de se montrer à toutes les grandes époques militaires, mais le défaut d'une fermeture convenable la faisait tomber dans l'oubli.

En 1793 on construisit deux modèles de carabines rayées, dites carabines de Versailles; elles se chargeaient au maillet; elles furent abandonnées en 1805.

En 1818 on fit un fusil de rempart, et ce fut à cette époque qu'on fit des expériences et les premières études sur l'influence qu'exercent sur le tir l'inclinaison et la forme des rayures.

La vitesse du mouvement de rotation imprimé à la balle paraissant être une condition de justesse, on essaya des rayures fortement inclinées, les unes hélicoïdales, les autres paraboliques, dont l'inclinaison allait en augmentant du tonnerre à la bouche, de manière à augmenter la vitesse de rotation de la balle. On essaya en même temps une autre forme de rayures paraboliques, dont la partie la plus inclinée correspondait au tonnerre (cette disposition aussi bien que la précédente se faisait remarquer dans plusieurs armes anciennes). Depuis les essais nombreux qu'on a faits, on s'est arrêté aux rayures hélicoïdales. Le modèle 1831, fusil de rempart, fut aussi rayé. Enfin arrivèrent les modifications apportées par Delvigne, qui consistaient dans l'écrasement de la balle au fond du canon; puis enfin la tige de M. Thouvenin sur laquelle la balle se forçait sans pouvoir être déformée; enfin, plus tard, on vit paraître différents modes de forcement : dans quelques-uns le canon offrait la même section perpendiculaire que la section de la balle; tel est, par exemple, le canon de la carabine anglaise dite carabine *Lancaster*, dans laquelle il n'y a pas de rayure apparente. Pour se figurer l'intérieur du canon, il faut se représenter une ellipse peu prononcée, descendant le long de l'axe du canon en tournant autour de lui; tel est encore aujourd'hui le canon de la carabine Whitworth, dont la section transversale présente un hexagone circonscrit au calibre, et dont les angles sont abattus par un petit pan coupé. Telles étaient aussi quelques carabines du temps de Charles IX, qui figurent au musée d'artillerie de Saint-Thomas-d'Aquin, et dans lesquelles la section transversale offrait la forme d'un carré présentant sur le milieu des côtés une cannelure ou gouttière, destinée sans doute à loger les résidus de la poudre et à faciliter la prolongation du tir malgré l'encrassement.

DES ARMES

SE CHARGEANT PAR LA CULASSE

En ce moment où l'opinion publique est vivement préoccupée et que l'attention des hommes spéciaux est attirée sur les armes portatives se chargeant par la culasse, il me paraît utile de faire connaître le système d'armes dont je suis l'auteur, et les causes qui m'ont conduit à sa construction. Je devrais peut-être me renfermer dans la description de mes armes, ou, pour mieux dire, du système qui m'appartient; mais, comme j'ai été amené à étudier les divers systèmes qui ont paru jusqu'à ce jour, que je les ai étudiés consciencieusement, avec persévérance, il me paraît utile de faire précéder la notice relative à mon système d'armes se chargeant par la culasse *à l'aide d'une vis excentrique*, d'une étude complète et générale sur l'origine du chargement des armes par la culasse.

En examinant les diverses armes qui ont été faites jusqu'à ce jour, on voit qu'elles appartiennent à deux ordres d'idées généraux, et qu'on peut facilement les diviser, comme mécanisme, en deux grandes classes.

La première classe comprend les systèmes dont le mécanisme est externe, ou qui laissent voir les surfaces de frottement en ouvrant la culasse, soit au moyen d'une dislocation, d'une bascule, d'un déboîtement, d'une section du canon avec fermeture par demi-cylindre, etc.; en un mot tous les systèmes dans lesquels la fermeture de la culasse se disjoint un instant et laisse voir son mécanisme à l'extérieur.

La seconde classe comprend les fermetures à mécanisme interne ou intérieur, c'est-à-dire celui qui ouvre et ferme la culasse du fusil sans faire voir ses surfaces et sans déboîtement aucun.

Après avoir étudié, comme je l'ai dit, tous les systèmes qui rentrent dans cette classification, je vais faire connaître dans ce mémoire les raisons qui s'opposent à ce que les armes à mécanisme externe deviennent jamais des armes complétement pratiques. Je montrerai les inconvénients qu'elles présentent et qu'elles présenteront toujours comme principe.

Je m'efforcerai aussi de faire ressortir les avantages du mécanisme *interne*; je dirai pourquoi je le préfère et surtout de combien est supérieure la fermeture *à vis excentrique, qui est mienne*, comparativement aux fermetures par juxtaposition, *plaques, verrous, tampons*, etc., appliquées jusqu'ici aux armes se chargeant par la culasse, et qui en ont fait retarder l'emploi.

Je poursuis donc un triple but : 1° celui de bien faire comprendre que tous les systèmes d'armes se chargeant par la culasse, que l'on connaît maintenant, rentrent dans la classification que j'ai établie, ce qui permettra de voir de suite quels sont les inconvénients que peuvent présenter quelques-unes de ces armes à première inspection, de discuter aussi tout ce qui a été fait, sans faire de personnalités, sans attaquer directement tel ou tel système; seulement, suivant qu'il rentrera dans ma classification, j'en ferai la critique en oubliant son auteur; 2° je tâcherai de démontrer la nécessité d'adopter exclusivement une arme à mécanisme interne, comme étant le seul système pouvant donner la solution d'une bonne et solide fermeture; et 3° enfin de démontrer que le seul mode de fermeture pratique donnant toute garantie est notre fermeture à l'aide de vis excentrique.

Je ne sais si mon arme sera appréciée, si mes idées seront trouvées justes, si mes recherches seront de quelque utilité. Quoi qu'il en soit, en exposant mes idées, j'appelle l'attention sur des points qui intéressent aujourd'hui l'art militaire, qui préoccupent tout le monde et ont une importance réelle. Puisque nous sommes arrivés forcément à une transformation de l'armement, il est utile que de patients travailleurs, qui agissent pour la plupart modestes et en silence, puissent être guidés sur ce qui a déjà été fait; qu'ils puissent connaître les écueils contre lesquels se sont heurtés ceux qui les ont devancés; c'est leur empêcher bien des mécomptes, leur éviter bien des déboires, des pertes de temps et d'argent; c'est leur indiquer la route dans laquelle ils doivent marcher, et concentrer ainsi tous leurs efforts intelligents sur un point, *le point vrai*, et aider de la sorte à la solution complète, qui est inévitable; car c'est avec le concours de plusieurs que tous les petits détails se perfectionnent; ce qui échappe à l'un est vu par l'autre; telle difficulté insurmontable pour l'artilleur n'en est pas une pour l'armurier habile praticien, et réciproquement. C'est de l'échange des idées que naît la lumière; et on n'arrive à la vérité qu'en passant par des erreurs sans cesse décroissantes. Il est donc du devoir de chacun d'apporter son contingent de forces, sa pierre à l'édifice. Beau-

coup y mettent la main ; un petit nombre y laissent un souvenir ! un peu d'estime et de considération dans sa modeste
sphère, tel est pour chacun le prix de ses sueurs et des
maux soufferts. Puis vient la fin ; il cède la place et dispa-
raît. Mais s'il laisse des indices de ses recherches, un autre
les étudiera, extraira et rangera les matériaux, et pourra
arriver facilement à créer ou à modifier avantageusement
et à faire une arme complète. Réduit à lui seul et privé des
travaux obscurs, mais utiles de chercheurs, eût-il pu accom-
plir son œuvre ?... Non ! Ainsi les générations passent et
s'usent à la tâche, non toutefois sans écarter quelques difficultés toujours, non sans arracher quelques épines de la
voie ; c'est que pour la frayer jusqu'au bout il faut une
haute pensée, marchant appuyée sur une volonté ferme.
Sur son passage, les dégoûts elle les dompte ; les tourments,
elle les méprise et les brave ; les obstacles, elle les tourne
ou les broie.

Ancienneté du chargement des armes par la culasse.

Dans les premiers temps de l'application de la poudre aux
armes à feu, l'usage de la baguette (l'action de bourrer)
était inconnu, car la première idée, comme toute idée vraie,
apparut au début, et la charge se fit d'abord par la culasse. On
peut voir au Musée d'artillerie, les plus vieux canons portant
des systèmes de chargement par la culasse, systèmes que
nous étudierons dans leurs détails ; on peut voir au musée
d'antiquités scandinaves à Copenhague (Danemark), des modèles retrouvés de cette artillerie primitive des peuples du
Nord, des canons, des couleuvrines, etc. Cependant ce fut le
hasard seul qui fit découvrir cette manière de charger ; le
hasard seul a voulu que la force balistique de la poudre

fût indiquée pour la première fois par un mortier, et ce ne
fut que lorsque les premiers mortiers eurent fait pressentir
les avantages qu'on pourrait obtenir en temps de guerre de
cette nouvelle découverte, pour le tir horizontal des projectiles, qu'on inventa une nouvelle bouche à feu qui fut composée d'une partie immobile qui, comme un mortier, était
chargée sans baguette ou écouvillon, et d'une partie fixe
dirigeant le projectile.

Aussi, voyons-nous, pour ce motif, les premiers canons
percés de part en part, et munis à l'arrière ou à la culasse
d'une série d'accessoires, afin de maintenir contre la partie
fixe, c'est-à-dire le corps de la pièce, la partie mobile ou
cassette cylindrique, dans laquelle on mettait la charge, de
telle façon que, maintenue, elle résistât sans bouger à la
pression de la poudre pendant l'explosion et la chasse du projectile en avant; pour la maintenir on employait des coins,
des clefs, des barres passées en arrière dans des mortaises,
appartenant d'une manière fixe au corps de la pièce (partie
fixe), et à la culasse (partie mobile). Je pourrais donner une
série de dessins qui feraient mieux comprendre, mais cela
nous entraînerait hors du cadre de ce mémoire.

Causes de l'abandon du chargement des armes par la culasse tel qu'il fut employé originairement.

Plusieurs causes contribuèrent à faire abandonner le chargement des armes par la culasse, qui fut seulement, il faut
le dire, appliqué d'abord à l'artillerie. Ces causes ne tien-
nent pas au principe, qui est vrai et naturel, je pourrais
presque dire instinctif, mais seulement aux moyens
employés alors pour l'appliquer; on comprendra facilement que tous les systèmes employés à l'époque recu-

lée dont nous parlons, furent des systèmes de chargement qui rentrent tous dans notre première classe, c'est-à-dire des systèmes de fermeture à mécanisme externe, présentant dès lors tous les inconvénients que présentent aujourd'hui et que présenteront toujours les systèmes à clavette, à plaque, à verrou ; en un mot, fermant l'arme par introduction de surfaces rondes ou coniques quelconques, rigides ou élastiques, que le verrou soit en acier ou en caoutchouc. Les mécanismes qui, dès le début, résistaient tant bien que mal, devinrent insuffisants à mesure que la fabrication de la poudre s'améliorant, elle acquérait une force balistique plus forte sous le même volume ; et à moins de faire des canons qui auraient porté à l'arrière un mécanisme énorme et compliqué, on ne pouvait espérer continuer l'usage des armes se chargeant alors par la culasse.

En outre de ces défauts inhérents à tous systèmes de fermeture de ce genre, j'ajouterai qu'il fallait à cette époque enlever la culasse ou cassette qui avait contenu la charge qui venait d'être tirée pour la remplacer pour une culasse chargée à l'avance, et que, chaque fois, à chaque tir, il fallait démonter tout le mécanisme de résistance, chaînes, clefs, coins ou verrous, et retirer la culasse vide avant d'introduire celle préalablement chargée, puis replacer tout le mécanisme de résistance après l'introduction de la culasse chargée dans le corps de la pièce. On reconnaîtra qu'il y a là des causes de lenteur forcée dans le tir, et, de plus, que le mécanisme était imparfait en principe, et que, comme tout mécanisme externe, il se trouvait exposé à une infinité d'accidents qui pouvaient survenir, tant pendant le tir que pendant les transports, ou provenir des coups de l'ennemi, des injures du temps, de la rouille, etc. Aussi, les anciens artilleurs, frappés des nombreux inconvénients qui se présentaient à eux chaque jour sans qu'ils pussent y porter

remède, durent chercher un autre système dans lequel la
culasse pût présenter une plus grande force de résistance,
et qui fût d'une charge facile et simple. Alors ils essayèrent
de ne plus percer de part en part les canons, mais à les fo-
rer, en laissant la culasse liée intimement par ses parois au
métal du corps de la pièce, soit en bouchant le trou postérieur ou la culasse des armes portatives (fusils, pisto-
lets), au moyen d'une vis fixe et à demeure, ainsi que
nous le voyons encore dans les fusils et carabines qui
sont en ce moment aux mains des troupes. Pour ces premiers artilleurs, il ne fut pas possible de conserver le principe du chargement par la culasse, car tous les verrous,
coins et clefs qu'ils avaient imaginés, ne présentaient pas
assez de force de résistance, de simplicité, de durée. Ce
qu'il y a de remarquable, et qui mérite d'être noté, c'est
l'absence de l'emploi de la vis dans toute cette période primitive de l'artillerie.

Introduction de la baguette
pour la chargé des armes portatives (fusils, pistolets) et de l'écouvillon pour les pièces d'artillerie.

Quand on eut reconnu la nécessité de modifier la construction et les dispositions des canons et des armes porta-
tatives de l'armée, il fut nécessaire d'introduire la charge
ou cartouche (poudre et balle) par l'ouverture supérieure
du canon ou *la bouche*, et comme il était nécessaire que la
charge arrivât au fond, afin d'être en contact avec la lumière, qui lui communiquait le feu nécessaire à la déflagration, on dut employer les baguettes pour les armes portatives, et pour les pièces une lourde baguette qu'on appela
écouvillon, parce qu'elle servait à charger à l'aide d'un
bout, et qu'elle portait à l'autre une brosse servant à net-

toyer la pièce. Malgré la lenteur et les inconvénients de ce système de chargement, on obtint de tels résultats de résistance, de durée, de portée, de solidité, de simplicité, qu'on dut s'en contenter longtemps, et qu'il ne peut être dépassé par aucun système de pièce se chargeant par la culasse avec mécanisme externe. Le mécanisme interne seul peut rivaliser de solidité et donner en même temps plus de rapidité dans les mouvements de la charge.

Défauts du système à baguette dans les armes portatives de guerre.

Si pour un instant nous ne nous préoccupons pas de de l'artillerie et que nous bornions nos recherches aux armes portatives *actuelles*, dont nous avons donné succinctement la description précédemment, nous voyons de suite quels sont les inconvénients qui ont toujours engagé à rechercher un mécanisme permettant le chargement par la culasse, et qui aujourd'hui, plus encore qu'autrefois, font rechercher, je dirai même obligent tous les États, sous peine d'infériorité, à trouver un système convenable.

Les inconvénients que présentent les armes actuelles se chargeant par la bouche sont si nombreux, qu'aujourd'hui, devant les faits, ceux qui hier encore se déclaraient satisfaits de l'armement actuel quand on leur présentait des armes se chargeant par la culasse, seront obligés, forcés, dis-je, de convenir de ces inconvénients, qui sont les suivants :

1° La multiplicité des mouvements, pour charger avec la baguette et la lenteur de la charge.

2° La nécessité de tirer la baguette du fusil en s'exposant à la perdre.

3° Son oubli dans le canon, dans un moment de presse.

4° La position de la main en la tirant, position dangereuse en cas d'explosion fortuite, et dangereuse et incommode quand le fusil est armé de sa baïonnette, à côté de laquelle la main est obligée de passer rapidement.

5° Difficulté de charger précipitamment ; obligation de déchirer avec les dents la cartouche ; de vider la poudre, opération délicate et difficile par le vent et la pluie, et surtout quand le soldat est émotionné, pressé ou en mouvement, ce qui occasionne la plupart du temps une perte notable de la charge et influe sur la portée du tir, et constitue quelquefois une impossibilité radicale quand le soldat se trouve dans certaines positions peu aisées. Ces défauts se font encore bien plus sentir dans le chargement du mousqueton ou du pistolet dans la cavalerie ; aussi cette dernière ne tire-t-elle que peu, à cause de ces difficultés radicales presque insurmontables.

6° La nécessité de relever l'arme et la baïonnette pour charger et bourrer le fusil, et l'impossibilité où est le soldat de se défendre contre une attaque à l'improviste, étant totalement désarmé et à découvert pendant qu'il charge son arme.

7° Enfin la nécessité absolue d'avoir une balle plus petite que le calibre de l'arme dont on se sert dans le tir à balle sphérique, et dans celui à canon rayé un projectile compliqué et dont le volume croît à cause des vides internes indispensables pour l'expansion de sa partie cylindrique ; ce qui produit dans le premier cas un tir incertain et une consommation considérable de poudre, et dans le second cas exige un projectile trop volumineux par rapport à son poids. Il n'est pas un cavalier qui ne sache que les armes étant chargées, si on fait une route ou une charge au trot, les balles glissent du canon et qu'on en trouve un grand nombre dans le fond des fontes.

Préférence du chargement par la culasse au chargement par la baguette.

Les inconvénients que nous avons signalés sont certainement graves : ce sont les conséquences naturelles de l'usage de la baguette, comme chacun pourra facilement s'en convaincre, pour peu qu'il veuille étudier le mode de chargement actuel du fusil à baguette. Pour éviter ces inconvénients, il faut donc abandonner l'introduction de la cartouche par l'orifice antérieur du canon et revenir forcément au principe du chargement par la culasse, qui par sa nature écarte tous les inconvénients déjà cités et fait renoncer à l'usage de la baguette qui les produit.

On comprendra sans peine que si on présente un fusil se chargeant par la culasse qui satisfasse à toutes les exigences auxquelles répond le fusil à baguette, tant sous le rapport de la solidité, de la simplicité que sous le rapport de la durée du feu, il ne saurait s'élever aucun doute sur la préférence qu'il obtiendrait sur les armes actuelles.

On ne doit donc pas être surpris si, malgré l'adoption du chargement des fusils avec la baguette, on n'a pas cessé de travailler, pendant plusieurs siècles, et qu'on travaille encore à revenir au principe primitivement employé.

Depuis quelques années surtout, le perfectionnement des rayures des canons a donné une certaine impulsion à l'étude des armes se chargeant par la culasse, et quelques personnes, bien peu nombreuses, il est vrai, s'occupaient de recherches, tandis que les gouvernements restaient inactifs et s'endormaient confiants dans leur supériorité. Après recherches et examen sérieux, j'avais été frappé de la grande supériorité qu'aurait une carabine se char-

geant par la culasse sur les fusils à canon lisse, dont était,
il y a peu d'années encore, armée la masse des troupes ; et
cette supériorité devenait bien plus évidente si l'on obser-
vait que le canon lisse n'a plus d'efficacité au delà de
300 mètres, tandis que les carabines produisent encore des
effets formidables, même à 800 mètres, et de plus, tandis
que le fusil à baguette ne peut fournir, même manié par
une main expérimentée, que deux coups au plus par minute,
une carabine se chargeant par la culasse peut fournir aisément trois ou quatre fois plus de coups dans le même temps ;
d'où on pouvait naturellement déduire la supériorité : en supposant deux armées aux prises, l'une armée de fusils à baguette et l'autre de carabines se chargeant par la culasse,
quelle espérance ne pouvait-on pas concevoir pour cette dernière? N'aurait-on pas été disposé de prime abord à accorder
d'avance la victoire à cette seconde armée, bien qu'elle eût pu
être de moitié inférieure en nombre à l'autre, puisque dans
un temps donné elle eût pu faire pleuvoir une véritable grêle
de projectiles sur l'ennemi? L'effet devait être certain. De la
même manière que les premiers canons assuraient la victoire
à ceux qui en firent usage contre ceux qui en étaient dépour-
vus ou n'en avaient pas assez, et, comme on l'a vu lors de
la dernière révolte des Indes, un petit corps d'Anglais a pu,
sans perdre un seul homme, mettre en déroute et vaincre un
corps d'Indiens vingt fois plus nombreux, par la seule supériorité de portée de la carabine Enfield sur le fusil ordinaire
d'infanterie; tout devait donc faire supposer qu'une armée
munie de carabines se chargeant par la culasse devait produire des effets terribles et inattendus, contre une armée
munie de fusils à baguette; les faits devaient venir bientôt
donner gain de cause à ces raisonnements et juger en dernier ressort cette question de supériorité, traitée presque
de chimère par des hommes spéciaux, qui lorsqu'on pré-

sentait à leur examen, en les priant d'user de leur influence pour la faire étudier, une arme remplissant ces conditions, répondaient que déjà nos soldats tiraient trop vite. En face des faits récents, nous aimons à penser que leur opinion changera et qu'ils accueilleront avec bienveillance et empressement, pour en faire l'examen sérieux, toute arme présentant des conditions nouvelles de chargement par la culasse. A ceux vers qui tout converge, qui par leurs connaissances spéciales, leur position, sont appelés à encourager les efforts individuels, à examiner les idées, même celles en apparence futiles, à ceux-là, dis-je, est réservée une belle mission, celle de diriger ces recherches, de montrer les écueils, de réunir et de grouper enfin toutes les combinaisons ingénieuses pour arriver à produire une arme aussi parfaite que possible : ils auront rendu justice à des travailleurs modestes et service à leur patrie, en la maintenant à la hauteur des nations voisines, ou en maintenant sa supériorité sur elles.

Difficultés à surmonter pour obtenir un bon système.

Les difficultés qu'il fallait vaincre pour arriver à obtenir un bon système de fusils se chargeant par la culasse étaient nombreuses; car il fallait un mécanisme simple de construction, facile à manœuvrer, solide, d'une grande durée, devant résister à la force d'expansion de la poudre, enfin empêcher toute déperdition de gaz et éviter l'encrassement produit par chaque décharge. Certains défauts peuvent être inhérents au système en lui-même, d'autres peuvent tenir au fini du travail dans l'exécution. Nous ne nous préoccuperons pas de ce dernier, qui rentre dans une bonne fabrication et qui est de l'armurerie pratique. Ce qu'il faut surtout, c'est que, présentant une grande solidité, il soit aussi d'une grande simplicité de construction et qu'il ne soit pas susceptible de dégâts extérieurs, c'est-à-dire qu'il soit à l'abri des chocs externes, qu'il puisse facilement se nettoyer, et enfin produire un certain nombre de tirs sans avoir besoin de nettoyage. Telles sont les exigences auxquelles doit satisfaire un bon système de fermeture de culasse, tout en permettant la charge par l'arrière; elles sont nombreuses et difficiles à remplir, aussi allons-nous, pour les mieux faire connaître, les examiner séparément.

Examen des difficultés.

DE LA SOLIDITÉ.

Toute fermeture de culasse doit être d'une solidité à toute épreuve, afin qu'elle possède non-seulement l'avantage de la durée, mais qu'elle puisse résister à l'action des gaz, aux chocs répétés du tir sans être altérée, et de plus garantir de tout danger, d'une manière parfaite, celui qui manie l'arme.

L'expérience ayant assigné maintenant dans la fermeture actuelle des armes à baguette une surface de rupture suffisante pour résister à la violence de l'explosion, on devra, comme première règle dans tout système qu'on tentera d'introduire, veiller à ce que, dans le mécanisme présenté, la surface de résistance ne soit pas moindre que celle qu'ont aujourd'hui les armes bouchées par la vis de culasse fixe, sous peine de s'exposer à avoir une force de résistance insuffisante, et créer une arme qui pourrait être dangereuse pour celui qui la manie.

Pour obtenir cette solidité, on ne devra pas chercher

un mécanisme volumineux au point de devenir incommode, parce que alors on éviterait un défaut pour tomber dans un autre plus grave. En résumé, comme toutes les parties qui doivent constituer la fermeture et lui donner le mouvement doivent être d'un volume restreint et résister néanmoins et au choc du tir et à l'action de la main, on voit que la solidité à obtenir est une difficulté ; car il faut un mécanisme réduit et auquel on ne peut donner de fortes dimensions.

DES GAZ.

Une fermeture assez solide pour résister au choc des charges répétées et à la violence des gaz ne serait pas suffisante, sa solidité ne servirait à rien, si, après quelques coups, son action cessait par l'impossibilité soit d'ouvrir le canon pour introduire la cartouche, soit de le fermer. Il est absolument nécessaire que le mécanisme puisse réellement et efficacement fermer le canon, de telle sorte qu'aucune partie, quelque petite qu'elle soit, des gaz produits par l'embrasement de la poudre ne puisse s'échapper en sens inverse du projectile ; car si le mécanisme ne fermait pas le canon assez bien pour empêcher la fuite des gaz, non-seulement il y aurait perte d'une partie de la force impulsive, mais il y aurait, par le passage des gaz, faible au début, une altération des surfaces de frottement qui sont en contact et entre lesquelles les gaz passeraient, et l'on verrait se produire des fentes, des trous et des stries dans ces parties du mécanisme. Le passage des gaz irait toujours en augmentant, de telle façon qu'après un certain nombre de tirs on ne pourrait plus remédier à cette fuite qui rend l'arme inutile ou oblige à la réparer et à remettre des pièces neuves. De plus, à mesure que les gaz s'échappent davantage, l'encrassement augmente aussi, et avec une telle rapidité, qu'il rend bientôt le maniement difficile, on peut même dire presque impossible; car les gaz entraînant avec eux la matière charbonneuse de la poudre que toute décharge dépose dans l'intérieur du fusil, et qu'on est convenu d'appeler la crasse, la déposent sur les parois, elle noircit les mains et la figure des soldats, et même quelquefois peut leur occasionner des brûlures à la figure et aux yeux.

C'est là un des principaux défauts, et je dirai presque le défaut capital du fusil à aiguille, et qui, avec le recul si fort qu'il produit, seront très-probablement les causes de son abandon forcé avant peu de temps.

Il est indispensable, comme nous l'avons déjà dit, que les surfaces des parties dont le contact ferme le trou de la culasse soient très-lisses, parce qu'autrement il ne serait pas possible de rendre ce contact assez parfait pour empêcher la fuite des gaz. Du moment que, sur ces surfaces, aurait lieu un dépôt de matière rude, le poli disparaîtrait et le contact ne serait plus parfait; et, comme conséquence immédiate de ce contact imparfait, des fentes se produiraient, et, avec elles, l'encrassement et la difficulté de manœuvrer; aussi, après un certain nombre de tirs, il faudrait démonter, nettoyer et repolir le mécanisme de fermeture, ce qui constituerait un défaut très-grave, comme il est facile de s'en convaincre.

Dans les mécanismes à glissement, à coulisse, etc., c'est-à-dire dans ceux où l'on obtient l'ouverture du trou de culasse, non pas en détachant les surfaces de contact comme dans les tampons et verrous, mais en faisant glisser une partie mobile sur une autre, l'effet de ce dépôt se fait très-vite sentir, et il ne peut en être autrement, si l'on réfléchit que la mobilité ou le glissement n'a lieu que quand les surfaces polies sont bien rodées ensemble, afin de se rapprocher le plus possible, comme dans les robinets; mais quand ces deux surfaces sont couvertes de crasse laissée par les gaz à leur passage, et que même l'intervalle de glissement se trouve rempli, il devient impossible de faire un mouvement, et les deux surfaces semblent soudées. Si on, examine, en outre, les pièces de ces armes, on voit qu'elles sont altérées dans le métal même, qu'il y a déplacement des molécules métalliques, et, partant, les surfaces deviennent rugueuses. Nous avons pu examiner divers systèmes d'armes de ce genre, dans lesquels on avait cherché à diminuer les défauts que je signale plus haut, en plaçant entre les demi-cylindres métalliques des bandes molles en bois, en cuir, en caoutchouc, etc., afin d'éviter l'encrassement.

Nous avons vu de ces armes mises hors service après quelques coups tirés, car les parois de glissement se trouvaient pour ainsi dire soudées, tant l'encrassement les avait de suite fixées solidement les unes aux autres.

Il est donc de la plus haute importance :

1° Que le mécanisme puisse hermétiquement boucher l'orifice du canon à la culasse en rendant impossible toute fuite de gaz ;

2° Que la surface qui ferme le trou et qui s'applique contre les parois du canon conserve son poli, et pour cela qu'elle soit protégée contre le contact de la poudre au moment de la déflagration.

Pour réussir à fermer hermétiquement l'orifice postérieur du canon par le contact de deux surfaces métalliques assez dures pour qu'elles ne soient point comprimées, il n'y a d'autre moyen que de les rendre parfaitement planes, ce qui est très possible, et je dirai même facile avec les moyens mécaniques dont disposent les grandes fabriques et les arsenaux.

Pour faire disparaître tout contact entre la surface qui ferme le trou et les gaz produits par l'embrasement de la poudre, il n'y a d'autre moyen que d'y placer un corps qui ferme hermétiquement, comme un tampon. A l'explosion ce tampon doit rester dans le canon, poussé par les gaz contre la surface qu'il doit protéger ; et il est chassé ensuite en avant par la cartouche que l'on introduit. Il faut donc que la cartouche porte à sa base un tampon ; que ce tampon soit d'un diamètre exact de l'âme du canon; il devra être tout en matière compressible et ininflammable, très-légère, afin qu'il soit facile de l'introduire dans le canon, et que son poids soit insignifiant à côté de celui de la balle, comme cela a lieu dans notre système.

On peut dire que les systèmes qui fermeront la culasse avec une surface perpendiculaire à l'axe du fusil seront les seuls qui puissent offrir chance de succès.

Simplicité nécessaire dans le mécanisme.

En toute chose, en mécanique surtout, la simplicité a toujours un grand mérite, mais c'est surtout dans le mécanisme faisant partie d'un fusil qui doit être soumis à tous les chocs de la lutte, et être placé le plus souvent dans des mains grossières, que la simplicité devient nécessaire. Pour ce motif on devra donc chercher à diminuer les pièces, rejeter tout ce qui serait superflu et dont on pourrait se passer.

Non-seulement la simplicité produira une économie, mais la solidité y gagnera encore. Le mécanisme doit être facilement compris par ceux qui s'en servent et facile à réparer en cas d'avaries, car les arsenaux sont généralement éloignés des camps.

Le mécanisme doit être simple pour être tenu facilement propre; il doit être facile à démonter et à remonter.

De la nature du mécanisme.

Si l'on passe en revue les différents systèmes inventés jusqu'à présent pour les fusils se chargeant par la culasse on peut après examen, comme nous l'avons dit, les ranger en deux grandes classes, car on observe que la plupart ont un mécanisme ayant pour principe le déboîtement des pièces. L'ouverture du trou de la culasse communique avec elles par le détachement de la partie mobile de celle qui est immobile; ce qui produit une ouverture extérieure; alors, quand la culasse est ouverte, il se trouve un intervalle plus ou moins grand entre la partie mobile et celle qui est immobile; de là, forcément deux ouvertures, celle du trou et celle du mécanisme. Tous les systèmes qui se font remarquer par cet intervalle extérieur, nous les embrassons sous la même dénomination, c'est-à-dire celle de système à *mécanisme extérieur*, parce que les pièces qui les composent sont tout a fait à l'extérieur.

Nous en trouvons d'autres, mais peu nombreux, dans lesquels le mécanisme produit l'ouverture de la culasse sans aucun déboîtement ni dislocation, et sans qu'il en résulte une seconde ouverture. Le mécanisme est intérieur, parce que son action a lieu dans l'intérieur de la partie immobile et ne se manifeste que par un changement extérieur de la pièce principale.

La différence qui existe entre le système à mécanisme externe et celui à mécanisme interne est si grande, qu'il convient de s'y arrêter, car notre but est d'examiner les principales armes qui ont été produites dans ces deux ordres d'idées, afin de pouvoir en apprécier la différence et la valeur, et de connaître celle sur laquelle nous devons fixer exclusivement notre attention.

Du mécanisme extérieur.

Le mécanisme extérieur, selon notre définition, est celui qui produit l'ouverture de l'orifice du canon à la culasse, moyennant la séparation d'une partie mobile d'une qui ne l'est pas, qui donne lieu à une seconde ouverture extérieure. Il referme ensuite le premier trou en remplaçant ce qui est mobile en contact avec la pièce immobile, en faisant disparaître tout à fait l'ouverture extérieure.

Quand le trou de la culasse est ouvert, les surfaces de contact qui empêchent la fuite des gaz, et quelquefois une seulement, restent découvertes extérieurement, et *vice versa*; quand il est fermé, ces deux surfaces doivent coïncider parfaitement ensemble.

L'ouverture du trou, étant obtenue par la séparation de la partie mobile, doit être produite par une autre pièce du mécanisme, aussi bien pour la mettre en mouvement, pour la guider, que pour la soutenir quand elle est ouverte. Ainsi les surfaces de cette pièce sont aussi tout à fait extérieures, soit pendant la fermeture, soit pendant l'ouverture.

La fermeture du canon s'obtient par la juxtaposition de la pièce mobile contre sa base qui est immobile. Contact qu'on ne peut rendre suffisant que par une forte pression qui retiendrait la pièce mobile contre le canon; pour arriver à cela, il faut une troisième pièce qui serait fixe et à demeure dans le mécanisme. Il suit de là que pendant l'ouverture les surfaces mêmes de cette troisième partie sont obligées de rester à l'extérieur.

Maintenant, pour peu qu'on veuille considérer ce mécanisme extérieur, abstraction faite de la solidité et de la simplicité, on ne pourra manquer d'en reconnaître les défauts essentiels :

1° Dans la petite surface de résistance offerte, par la fermeture de laquelle dépend cependant l'élément principal cherché, c'est-à-dire l'occlusion du canon ;

2° Dans le frottement considérable qui se fait à sec, inévitable dans l'action d'un mécanisme *extérieur*.

En effet, supposons, ce qui arrive du reste, que toutes les surfaces qui contribuent à fermer l'orifice postérieur du canon sortent en parfait état des mains de l'ouvrier armurier et soient parfaitement ajustées et rodées ; elles demandent à être entretenues dans cet état de perfection, puisque si la forme primitive de l'une d'elles était même peu sensiblement altérée, il n'y aurait plus adhérence parfaite, elle ne coïnciderait plus avec celle dans laquelle ou sur laquelle elle doit se mouvoir, ou contre laquelle elle doit venir se mettre en contact. Dès lors son action serait considérablement modifiée, et même il pourrait arriver qu'elle n'agirait plus.

Même en supposant que lors de la fabrication on apporte le plus grand soin, un fusil destiné à la troupe peut avoir à supporter tant de petits chocs et de petits accidents que tout mécanisme externe peut être vite et facilement mis hors service.

Une simple rayure sur une partie du mécanisme, une torsion légère même, un corps étranger qui s'engagerait accidentellement entre les surfaces de frottement, soit pendant que l'arme est ouverte, soit pendant qu'elle est fermée, sont autant d'accidents que l'on ne peut éviter avec un fusil avec lequel on doit combattre, traverser des haies, des rivières, des champs, qui est soumis en un mot à toutes les vicissitudes des chocs et des intempéries qu'a à supporter une armée en campagne.

Dans toutes les fermetures à mécanisme externe il existe un frottement notable plus ou moins grand, suivant le fini des pièces et les divers systèmes auxquels elles appartiennent. Ce frottement peut être considéré comme un défaut radical, parce qu'il se fait forcément à sec, attendu qu'on ne peut pas l'adoucir par l'introduction de matières grasses entre ses surfaces. Si on introduisait de la graisse entre les surfaces de glissement, elle tend pendant la manœuvre à sortir en partie, et la poussière tombée sur ces surfaces est agglutinée par la graisse qui est restée et forme une couche de cambouis qui sèche chaque fois par la chaleur des gaz qui s'échappent, se durcit en retenant les parties abandonnées par ces gaz et forme une couche dure et épaisse analogue au graphite. Le dépôt se continuant petit à petit, cette couche, en s'amincissant, est chassée sur toutes les autres parties de l'arme, qui s'encrassent aussi et finissent par rendre tout mouvement impossible. Il faut donc revenir forcément à l'usage du tampon interne, qui vient restreindre alors de beaucoup les systèmes à mécanisme extérieur.

On ne pourrait même pas obvier avec succès aux inconvénients que je viens de signaler, même en renouvelant continuellement le corps gras à mesure que le fusil ferait feu : cela est impossible et ne servirait absolument à rien.

Il faut donc conclure de tout cela que tout mécanisme ou système externe ne peut recevoir de matière grasse comme intermédiaire de glissement entre les surfaces, qu'il est obligé de fonctionner *à sec*, qu'on se serve ou non de tampon ; il est donc impossible que, par l'usage, les surfaces de frottement et de contact ne souffrent pas, ni ne soient pas endommagées.

3

Du mécanisme intérieur.

Le mécanisme intérieur ou interne, comme nous l'avons défini, est celui qui permet l'ouverture postérieure du canon sans donner lieu à la seconde ouverture extérieure, sans mettre à découvert les surfaces de contact, et par conséquent sans que sa pièce principale sorte de la partie immobile qui, dans ce système, est toujours formée de la partie postérieure du canon, c'est-à-dire de la culasse même.

La pièce principale du mécanisme, celle qui sert à fermer l'orifice postérieur du canon, est mobile, puisqu'elle doit alternativement présenter une partie ouverte pour laisser introduire la cartouche dans le canon, et une partie pleine pour le fermer complétement, sans que ses surfaces internes viennent à l'extérieur, sans qu'elles quittent leurs places en un mot. Dans cette hypothèse, sa mobilité n'est possible que par un mouvement de rotation ou une révolution s'effectuant sur son propre axe, comme dans notre système. Ainsi, la pièce mobile, ou bouchon de culasse, est en même temps le moyen qui permet de faire communiquer la partie de la culasse du canon avec l'air extérieur pour l'introduction de la cartouche, et sert en même temps à fermer complétement le canon une fois que la cartouche est introduite. On peut donc, avec juste raison, appeler cette pièce, pièce à double effet ; c'est cette pièce qui, par son mode de manœuvre, permet alternativement de fermer et d'ouvrir l'orifice postérieur du canon, tout en conservant constamment une position fixe et toujours interne, c'est cette pièce, dis-je, qui donne à notre mécanisme un caractère spécial qu'on ne retrouve dans aucune autre invention, et qui nous a fait la nommer *mécanisme intérieur et à vis excentrique.*

Dans l'action de ce mécanisme, la surface interne de la pièce mobile ne peut jamais être à découvert, parce que ce n'est que par un mouvement de rotation qu'elle se meut ; toutes les surfaces de contact conservent leur position, et aucune ne peut varier si ce n'est l'ouverture qui perme l'introduction de la cartouche dans le canon, et les traverses ou leviers d'action, dont naturellement nous ne devons pas tenir compte, parce qu'elles sont accessoires, n'ont pas d'importance et peuvent varier de forme et de dimensions.

Il s'ensuit que pour le mécanisme interne on n'a à redouter aucun des accidents qui endommagent tout mécanisme extérieur. En effet, les coups qui peuvent être portés sur la pièce mobile ne peuvent jamais atteindre les surfaces internes de cette pièce, la poussière ne peut pénétrer entre les surfaces de contact, et les empêcher de s'adapter facilement l'une à l'autre. Tout ce qui peut endommager les parois externes, même celles de la pièce mobile, ne peut avoir d'influence sur l'action du mécanisme, parce que ses parois internes restent toujours dans le même état, et ne peuvent jamais avoir aucun contact avec les autres parois ; donc à l'extérieur le mécanisme est sûr et son action ne pourra être arrêtée. Il reste à présent à voir ce qui se passe à l'intérieur par rapport au frottement.

Le frottement appartient à ce mécanisme comme à tout autre, et exige par conséquent la présence d'une petite quantité de matière grasse entre les surfaces de frottement, et comme il ne se démonte pas, il n'y a pas de fuite possible.

Si on examine la paroi interne, et qu'on songe à la présence du dépôt laissé par les charges, inconvénient commun aux armes des deux classes, on le trouvera très-sensible, car les surfaces de contact devant s'appliquer très-immédiatement pour empêcher les fuites des gaz, la moindre couche de crasse, même légère, pourrait nuire au mouvement et à l'évolution, et même fixer la pièce mobile au canon.

Il fallait trouver un remède à cet inconvénient majeur, et nous y sommes arrivé en plaçant à la base de la cartouche un tampon qui oblitère complétement le canon, empêche la fuite et garantit la pièce de fermeture de toute oxydation, érosion, encrassement. Les pièces de culasse primitives étaient tellement détériorées, qu'on a tenté d'introduire le platine dans leur construction ; on laminait ce métal avec la pièce de fer qui devait servir de bouchon, non pas dans le but de mieux fermer, mais seulement pour le protéger contre l'action corrosive des gaz. Ces essais coûteux viennent prouver de quelle importance est l'usage du tampon mobile et combien on doit l'employer, puisqu'il réunit encore d'autres avantages.

De toutes les considérations générales que nous venons de développer sur les mécanismes employés dans les armes se chargeant par la culasse, nous pouvons tirer les conclusions suivantes :

Les mécanismes peuvent se classer naturellement en externes et internes.

Les premiers se montrent dans leurs positions externes ; ils sont exposés à beaucoup d'accidents, de causes de détérioration et d'avaries ; les surfaces de frottement sont obligées de fonctionner à sec, sans corps gras interposés.

Les systèmes ou mécanismes dits internes sont placés intérieurement, à l'abri de toute influence, de tout choc, de tous accidents extérieurs ; ils peuvent recevoir et conserver, entre leurs parois de frottement, une matière grasse qui empêche l'usure et facilite le mouvement. Les mécanismes internes, quels qu'ils soient, doivent, en principe, être préférables aux mécanismes externes, à cause des nombreux inconvénients que ces derniers présentent.

Nous étudierons séparément quelques types dans chacun des deux groupes, et puis nous donnerons la description des armes que nous avons créées d'après notre nouveau système, afin qu'on puisse comparer et juger.

De la quantité des tirs.

Nous arrivons maintenant à la dernière des importantes conditions auxquelles le fusil se chargeant par la culasse doit satisfaire, c'est-à-dire celle de la quantité de tir qu'on exige de lui, sans devoir nettoyer le canon ni le mécanisme, condition de haute importance, non-seulement parce que le soldat ne doit pas avoir une arme qui lui devienne inutile par le grand nombre de tir qui peut être nécessaire, à un moment donné, sur un champ de bataille, mais parce qu'une fois cette condition remplie, on a la preuve pratique du mérite du système entier. Quand un fusil aura pu fournir le nombre de coups que l'expérience a déterminé sans que le mécanisme se soit abîmé, on pourra raisonnablement croire que le système pourra être mis en usage; en effet, tout ce qu'on a cherché, étudié et traité, aussi bien en ce qui concerne le mécanisme que sa solidité, sa simplicité, etc., aboutit au seul but de produire un système capable d'être mis en pratique et de pouvoir être manié par les soldats avec sûreté, vitesse et confiance.

Pratiquement, on exige pour les armes se chargeant par la bouche avec baguette, qu'un fusil puisse tirer 60 coups au moins avant que l'encrassement du canon oblige de le nettoyer; aussi ne peut-on demander moins à un fusil se chargeant par la culasse ; pour nous, il n'est plus douteux qu'on ne puisse avec notre système tirer au moins 100 coups. Cette augmentation dans le chiffre de plus d'un tiers est donc considérable, mais elle doit être prévue dans une bonne arme se chargeant par la culasse, sans pour cela la faire condamner ; quand bien même elle n'arriverait pas de prime abord, nous disons qu'on peut avec une bonne fabrication de l'arme, avec des cartouches bien faites, atteindre ce chiffre. Nous avons des résultats pratiques à donner comme preuve ; il faut donc pousser l'exigence jusqu'à 100 coups avec un bon fusil se chargeant par la culasse, et toutes les fois qu'il arrivera ou approchera de ce résultat, on pourra être sûr d'avoir une arme approchant de la perfection et sur laquelle on pourra compter, même dans les circonstances les plus graves.

Pour le fusil à baguette, et plus spécialement pour les armes rayées dites carabines, l'encrassement des parois internes du canon est la cause pour laquelle le nombre de coups consécutifs est limité avec balle sphérique. Dans les fusils à canon lisse qui étaient autrefois en usage, l'encrassement forçait de laisser un vent considérable qui permettait d'arriver à 60 coups environ ; malgré cela on ne pouvait empêcher que vers la fin la charge ne devînt lente, difficile, fatigante même, à cause de la difficulté de bourrer ; si on avait laissé moins de vent, on eût diminué de beaucoup sa quantité de tir consécutif, et si on avait laissé un vent très-faible, on eût diminué de beaucoup le nombre de coups à tirer, et la charge eût été lente et pénible, presque dès le début.

Pour obvier à ces inconvénients qu'entraînait la diminution du vent, on fait usage de matières grasses, qui, étant introduites dans le canon, rendent la couche interne plus molle et facilitent le glissement de la balle forcée par l'expansion pendant l'explosion. C'est pour ce motif que quelquefois on enveloppe le projectile d'une toile ou chiffon imbibés d'huile ou de graisse, comme dans les carabines suisses, ou dans les tirs; quelquefois on a recours au capuchon de feutre, qu'on trempe soit dans de la graisse, de l'huile ou de l'eau. Toutes ces difficultés, toutes ces précautions servent à prouver non-seulement l'importance d'arriver à un chiffre notable de coups consécutifs dans toutes les armes, soit quelles se chargent par la gueule ou par la culasse, surtout dans celle-ci où il n'existe pas de vent, mais à prouver bien plus encore le mérite d'une arme qui arriverait à ce résultat. Toutes ces précautions viennent encore prouver qu'on a besoin de se servir de matières onctueuses ou grasses et de tampons, d'autant plus qu'on exige de l'arme un plus grand nombre de coups. Seul, notre système à fermeture interne peut remplir ces conditions indispensables.

Nous avons muni notre cartouche d'un *tampon* à l'arrière; elle est graissée comme les cartouches actuelles et complétement hydrofuge. Elle peut être mouillée pendant plusieurs heures sans inconvénients, ce qui est à *noter;* de plus, elle chasse devant elle le culot de la précédente qui est gras, et nettoie le canon en enlevant la crasse à chaque coup devant la balle, ce qui permet un nombre de coups plus considérable.

Aussi, dans toute bonne arme se chargeant par la culasse, l'usage de matière grasse sur la cartouche sera utile, ainsi que le tampon, qui, en préservant les pièces, oblitérant bien le canon, empêchant les gaz de s'échapper, a pour second effet de nettoyer le canon et de permettre ainsi un plus grand nombre de tirs.

Examen de quelques types de fusils à mécanisme externe : fusils à bascule, à culasse se déboîtant, à plaque, à aiguille, à verrou, à tampon, etc.

Nous allons faire connaître d'une façon succincte les différences qui existent entre ces divers systèmes, qui rentrent dans la classe des armes à mécanisme externe, et par conséquent ont tous les défauts que nous avons signalés précédemment, et qui rendent leur emploi plus difficile et moins sûr que celui des fusils se chargeant par la culasse, dont la fermeture est tout interne.

Le fusil des cent-gardes est un fusil à système à griffe et à inflammation centrale.

Le système Chassepot est caractérisé par la fermeture avec un verrou, munie d'une forte rondelle en caoutchouc.

Le fusil Manceau a une analogie frappante avec le fusil Chassepot, car il se ferme aussi avec un verrou, mais la rondelle de caoutchouc est remplacée par un tube d'acier s'engageant dans le canon, tube à parois unies et légèrement élastiques. Dans l'orifice de ce tube se trouve un cône qui, recevant la pression de la charge au moment de la déflagration, tend à dilater les parois du tube et à empêcher le passage des gaz.

Le fusil Thomas est à glissière, fermé par une plaque retenue entre deux rainures qui, comme dans le fusil des cent-gardes, monte et descend alternativement pour permettre la charge. On ferme le canon par juxtaposition ; cette plaque est mise en mouvement au moyen de la sous-garde avec laquelle elle est articulée, comme on le voit dans certains fusils à bascule.

Presque toutes ces armes présentent, en outre des inconvénients signalés contre le principe de fermeture dans le quel elles rentrent, celui encore d'obliger de retirer la cartouche après chaque tir, retard énorme.

L'importance du problème à résoudre, la nécessité d'employer les fusils se chargeant par la culasse, ont depuis plusieurs années occupé un certain nombre d'esprits, tant parmi les officiers de l'artillerie que parmi les travailleurs civils, que leur état, leurs connaissances ou leur goût, portaient vers cette étude intéressante des armes. Des recherches, des tentatives, ont été faites et ont donné lieu à divers systèmes qui, par leur mécanisme, rentrent dans la première classe ou mécanisme externe. Tels sont les fusils Lefaucheux, Robert, qui ne sont pas propres à la guerre à cause de la brisure, qui a restreint leur emploi à la chasse seulement, car au moment de la charge le soldat est désarmé complétement. D'autres défauts essentiels viennent se joindre encore à ce défaut capital. Ces fusils sont trop connus pour qu'il soit besoin de nous y arrêter.

Le fusil à aiguille, le fusil à culasse se relevant en arrière pour y placer la charge, puis la rabattre après, le canon restant fixé sur le bois. Le fusil système Chassepot, le fusil Manceau, le fusil des cent-gardes, le fusil dont la culasse se compose d'un bout de canon qui porte un tareau externe (mâle), qui par glissement s'introduit dans un tube qui porte une filière ayant le même pas, et des pans inverses coupés de façon à permettre de faire glisser le bouchon sur le canon fixe, puis de le fixer au moyen des filets de vis qui se rencontrent.

Est-ce donc une perfection que ce fusil prussien ? Non, loin de là ; c'est une arme qui a tous les défauts des armes à mécanisme externe, et même les possède exagérés. C'est une arme lourde, solidement établie, mais grossière, plus lourde que des fusils de munition, et d'un mécanisme compliqué.

Deux cylindres s'emboîtent par rotation l'un dans l'autre, et sont terminés par deux sections coniques par lesquelles l'obturation des gaz pendant la déflagration de la poudre s'opère imparfaitement.

C'est en appuyant sur une très-forte fiche ou manivelle en fer qu'on ouvre la chambre où se place la cartouche. Cette cartouche contient une balle conique placée en avant du fulminate-amorce, lequel est garanti par la charge de de poudre qui fait culot. La balle est en outre logée dans un petit étui en carton.

L'aiguille est de deux pièces : la première pièce, celle qui traverse la poudre pour aller perforer l'amorce fulminate, est en acier et d'une ténuité extrême ; elle est taraudée à une aiguille en cuivre plus rigide, et celle-ci, placée dans un cylindre, s'allonge jusqu'à la culasse du canon, qu'elle dépasse en formant un bouton ou un anneau, au moyen d'une vis qui l'enveloppe. Cette aiguille est mue par un ressort ou boudin.

Quand la cartouche est placée, le soldat tire à lui le bouton à vis, et par ce mouvement il tend le ressort à boudin, dont la pression agit sur un bourrelet intérieur de l'aiguille en cuivre. Pour faire feu, le soldat presse la gâchette, comme dans un fusil ordinaire, et le ressort à boudin sur lequel elle agit se trouve rendu libre, se détend, pousse violemment l'aiguille qui, dans son trajet, traverse la cartouche jusqu'à son foyer fulminant, et n'est arrêtée que par le bourrelet dont j'ai parlé ci-dessus.

Le fusil est pourvu d'une hausse ; sa fabrication doit être coûteuse et demander du temps. L'arme est brunie comme tous les fusils des armées étrangères.

La baïonnette est courte, mince et cannelée. La balle est petite.

Ainsi le fusil à aiguille, le plus mauvais peu-être de tous

les fusils se chargeant par la culasse, est néanmoins celui
qui sera venu démontrer l'utilité des armes se chargeant
par la culasse ; c'est un mauvais fusil venant affirmer un
bon principe.

Examen des diverses armes à mécanisme interne.

Après avoir examiné les difficultés auxquelles sont expo-
sées certaines armes se chargeant par la culasse, il est nécessaire, pour compléter cet examen, de passer en revue
toutes les armes inventées jusqu'à ce jour ; mais cet examen deviendrait trop long et sans intérêt; nous examine-
rons seulement quelques types. Cette étude fera mieux
comprendre notre classification et nos observations premières, et établira, d'une façon incontestable, la supériorité de notre mode de fermeture pour les fusils se chargeant par la culasse.

Système à cylindre mobile et à trou partiel.

Le plus ancien des systèmes d'armes se chargeant par la
culasse à l'aide d'un mécanisme interne, est le système
à cylindre mobile à trou partiel. Il consiste en un cylindre
qui traverse les parties inférieures du canon (ou culasse)
perpendiculairement à l'axe de l'âme du canon, et dans
lequel il pénètre autant que le permet la solidité du canon.

Ce cylindre se meut sur son propre axe à l'aide d'une
petite manivelle extérieure placée sur le côté du fût, et
sert à introduire la cartouche dans le canon. Ces dimensions sont trop grandes pour être applicables, parce qu'il
doit forcément avoir d'abord, comme diamètre, la longueur
de la cartouche, plus une certaine épaisseur de métal fai-

sant culasse; il faut qu'il ait au moins de cinq à six fois le calibre. Il ne peut donc pas pénétrer dans la partie du canon qui forme la culasse, il ne peut que lui être juxtaposé ainsi avec les canons ordinaires; il n'est pas possible de l'appliquer, car il devient monstrueux pour une arme portative et en rend l'emploi impossible, car une pareille masse rend l'arme trop lourde et difforme.

Il fallait donc faire une culasse toute spéciale de forme, de grandeur, de masse, pour avoir de la solidité.

Pour charger l'arme munie d'un pareil système, il aurait fallu percer un trou dans l'enveloppe extérieure dans laquelle se mouvait le cylindre, de façon que, lorsque l'excavation qui y était creusée, venait se placer vers l'orifice externe, on pût introduire la cartouche; puis, par une demi-révolution, la porter dans l'axe de l'âme du canon pour faire feu; la lumière ou cheminée était difficile à placer, son trajet devait être courbe et donnait lieu à des ratés nombreux.

Ce mécanisme, qui paraissait simple à première inspection, n'en était pas moins vicieux et impraticable; cependant il avait sur tous les mécanismes externes la supériorité de la solidité; de plus, il ne pouvait pas être employé avec la poudre de guerre dont on se sert actuellement, à cause, nous l'avons dit, de la monstruosité des dimensions à lui donner.

Ce mécanisme entre, comme nous l'avons dit dans notre classification, dans la deuxième catégorie, ou mécanisme interne, puisque la partie mobile faisant fermeture conserve toujours une position fixe dans la partie immobile ou culasse, que le mouvement qui permet l'introduction de la cartouche se fait autour de son propre axe, et que le chargement s'opère sans déboîtement ni disjonction des pièces de culasse, sans brisure, comme dans toutes les fermetures à mécanisme externe; et que tous les agents extérieurs, les chocs, poussière, etc., ne peuvent le toucher directement, et que les agents extérieurs ne peuvent avoir de l'influence sur les parties internes qui frottent ou roulent les unes sur les autres.

Ce système aurait pu permettre l'emploi des matières grasses interposées entre les surfaces de frottement; ainsi, à première vue, on reconnaissait les qualités inhérentes à tous mécanismes internes; mais quand on voulait éprouver le système de fermeture et qu'on soumettait l'arme au tir, on s'apercevait, dès les premiers coups, d'une fuite considérable de gaz, et le mécanisme se trouvait soudé, pour ainsi dire, par l'encrassement des parties frottantes, encrassement produit par le passage des gaz et de leur dépôt.

On comprendra sans peine que les surfaces des deux cylindres, bien rodés et polis, marchaient bien à l'état propre; mais dès que les gaz avaient passé dans l'intervalle laissé entre elles, si minime qu'il fût, il se faisait un dépôt dont l'effet était d'autant plus sensible que les cylindres étaient mieux ajustés, il y avait donc arrêt forcé presque dès le premier coup, et le mouvement pour introduire une seconde cartouche devenait impossible. Cet inconvénient était si manifeste, si absolu, que l'on chercha de suite à y remédier en séparant les surfaces métalliques lisses des deux cylindres emboîtés par une substance plus molle, de bois, de caoutchouc, mais cela ne servit à rien; les mêmes inconvénients se présentèrent et force fut de l'abandonner.

Système à cylindre mobile et à trou entier.

On chercha à modifier, en employant un cylindre à trou entier qui, percé de part en part, permettait l'introduction de la cartouche dans le canon et venait, par un demi-tour, placer sa surface ronde, mais pleine, devant le canon. Ce cylindre, quoique moins gros que le précédent, était encore d'un certain volume, car il fallait qu'il présentât dans son corps d'abord une ouverture du diamètre de l'arme, plus une surfaee de résistance ou de rupture suffisante pour que l'explosion de la charge ne pût l'endommager; son diamètre devait avoir près de trois calibres. Ce système, quoique ayant tous les mouvements du premier, était néanmoins un progrès sur lui; il fut abandonné aussi parce qu'il ne pouvait admettre l'usage du tampon intermédiaire entre la charge et la pièce de fermeture de culasse, qui n'est possible que quand le trou postérieur du canon est fermé par une surface plane et perpendiculaire à l'axe du canon, ce qui ne peut être fait que dans notre système de fermeture tel que nous le décrirons plus loin. On chercha, par de nombreuses modifications, à améliorer le cylindre; on fit une excavation dans le canon dans l'espoir d'empêcher ou de diminuer l'encrassement : tout fut inutile, et nous n'en aurions pas parlé si la pensée qui avait conduit à faire cette cavité n'était une preuve complète de l'importance ainsi reconnue de la nécessité absolue de détruire le contact immédiat entre les gaz produits par la déflagration et les surfaces des parties mobiles formant toute fermeture d'armes se chargeant par la culasse.

Il ne nous reste donc plus maintenant qu'à étudier le système que nous proposons d'adopter aujourd'hui et qui nous a entraîné à faire l'étude de tout ce qui avait été fait jusqu'à ce jour; il rentre dans les systèmes de fermeture à mécanisme interne, et c'est pour cela que nous avons placé son étude la dernière, car le lecteur connaissant maintenant les défauts et les inconvénients présentés par les systèmes externes d'abord, puis par les internes pro-

duits jusqu'à la venue du nôtre, pourra juger et apprécier
mieux les avantages mécaniques et de solidité que notre
fermeture présente sur tous les systèmes connus jusqu'à ce
jour, quels que soient leurs mécanismes plus ou moins simples ou plus ou moins complexes ; et quels que soient leurs
auteurs, ce dont nous ne nous occupons pas dans ce travail, qui est une étude théorique et non une biographie.

Fermeture à l'aide d'une vis excentrique rendant possible le chargement par la culasse dans les armes portatives et les pièces d'artillerie (système Challeton).

Le mécanisme de la fermeture est très-simple et tout
interne; il réunit toute la solidité de la vis de culasse qui
ferme, d'une façon fixe et permanente, les armes se chargeant par la gueule; il présente la même solidité, au moins,
et nous pouvons dire mathématiquement plus grande, tout
en permettant l'introduction rapide de la cartouche, un
tir précipité et précis.

Ce mécanisme consiste en une vis dont le diamètre est
deux fois, et quelques millimètres en sus, plus grande que
le calibre du canon quel qu'il soit; cette vis porte le même
nombre de filets de vis que la vis fixe des armes à baguette et le même pas ; cette vis se meut dans la partie
inférieure de la culasse taraudée en écrou et vient s'appliquer contre le trou postérieur du canon et le boucher de
la même manière que dans les armes à baguette; seulement l'axe de cette vis ne se trouve pas dans l'axe même
de l'âme du canon; il lui est inférieur d'un demi-calibre.
Cette vis, quoique ronde et roulant sur son axe, doit donc
forcément agir comme un excentrique, puisque son axe
et celui de l'âme du canon ne passent pas par le même plan

horizontal, mais seulement par le même plan vertical ;
c'est parce qu'elle est ainsi, relativement à l'âme du canon,
placée excentriquement, que nous lui avons donné le nom
d'excentrique, qui caractérise notre système. Si ce mot
excentrique devait effrayer, nous n'en serions pas étonné,
car tout ce qui est nouveau paraît excentrique d'abord ;
mais quand une idée est juste, quand un principe est exact
et repose sur des bases solides et conformes aux lois im-
muables de la mécanique, ils peuvent d'abord rencontrer
des contradicteurs ou des dédains, mais les idées et les
principes justes ne meurent point, ils s'avancent gagnant
chaque jour du terrain quand on les examine mieux et
sans prévention, et finissent par séduire et s'emparer des
esprits qu'ils avaient effrayés d'abord ; alors il arrive un
moment où justice est rendue.

Perpendiculairement à ses faces, il existe dans notre
excentrique à vis un trou dont l'axe de percée se trouve
dans la direction de l'axe de l'âme du canon. Ce trou, par
rapport à l'axe de la vis, se trouve donc dans une position
excentrique. Le diamètre de ce trou est égal à celui de l'âme
du canon ; ce trou permet l'introduction de la cartouche
dans le canon, et quand la charge est entrée dans le canon,
si l'on imprime un mouvement de gauche à droite, soit
au moyen d'une manivelle, d'une clef ou tournevis, etc.,
la surface plane intérieure de la vis, qui ainsi se visse
à *fond*, vient s'appliquer contre l'ouverture postérieure de
la culasse du canon, en présentant à cette ouverture sa
partie pleine, tandis que le trou percé dans l'excentrique
à vis vient s'appuyer contre la partie pleine de l'écrou de
culasse ; ainsi se trouve fermé hermétiquement le canon,
exactement de la même manière que les armes à baguette
sont closes par la vis du tonnerre.

Si on compare deux dessins, l'un de la culasse d'une

arme à baguette, l'autre de la culasse d'un fusil construit
suivant notre système, on sera frappé de la ressemblance
et l'on comprendra de suite tout ce que cette idée a d'heureux et de garantie de réussite dans l'application, puisque d'une part il y a analogie pour la solidité, la simplicité,
et de plus la vis excentrique étant rendue mobile, permet
le chargement précipité de l'arme par la culasse, ce qui
est impossible dans les armes actuelles.

Cette disposition toute simple permet d'introduire une
petite quantité de matière grasse qui facilite le glissement
de la vis dans son écrou ; en effet, chaque fois qu'on dé-
visse de droite à gauche d'un demi-tour, on éloigne la paroi interne de la vis de la paroi du canon de l'espace déterminé par le pas d'un demi-filet de vis ; quand on ferme
en vissant de gauche à droite, on fixe la vis à fond, et les
deux surfaces, qui doivent être parfaitement planes, s'ap-
pliquent hermétiquement l'une à l'autre ; rien ne peut donc
passer non plus que par les filets de fils dont l'union est
parfaite. Donc les gaz ne peuvent pas sortir.

Ainsi notre fermeture est on ne peut plus simple ; elle
consiste seulement en une vis excentrique, percée d'un
trou et rendue mobile, de façon à permettre la charge pré-
cipitée, tout en présentant la plus grande solidité.

La nature et la forme de la partie inférieure du canon ou
culasse est en rapport avec les dimensions de l'excentrique
à vis qui la ferme. Cette culasse, pour recevoir la vis, est
munie intérieurement d'un pas de vis inverse qui fait,
par rapport à la vis, fonction d'écrou ; la culasse, dans sa
partie inférieure, doit donc avoir intérieurement deux fois
et quelques millimètres le diamètre de l'âme du canon, en
conservant autour une épaisseur de métal convenable pour
les filets de l'écrou. Ces dimensions ne sont pas trop grandes, car la résistance de la vis excentrique dépendant de

la surface de rupture que présentent les spirales (ou filets
de vis), on peut donc à volonté augmenter cette résistance
en augmentant le nombre de spirales ou filets de vis, ou
l'épaissseur de la vis de culasse plutôt que son diamètre.
Il en sera de même pour l'écrou. Ainsi dans les fusils et
autres armes portatives jamais la vis ne dépassera deux
diamètres plus quatre millimètres, et dans l'artillerie, pour
les grosses pièces, jamais trois calibres.

Il est certain que la nature de ce mécanisme si simple
n'oblige pas à chercher la solidité dans l'augmentation
seule du diamètre, comme dans les deux systèmes que
nous avons décrits tout à l'heure.

Mais, au contraire, elle permet et engage presque à la
chercher dans l'épaisseur de la vis excentrique de culasse,
par la raison que l'augmentation du diamètre est seulement nécessaire pour pouvoir percer un trou qui puisse
laisser introduire la cartouche; puis, en vissant à fond,
venir boucher le trou du canon une fois chargé ; ce double
résultat s'obtient avec deux diamètres et quelques millimètres. C'est autant qu'il en faut pour obtenir, à l'aide de
cet excentrique à vis, alternativement l'ouverture et la fermeture complète de la culasse du canon. Pour l'écrou, le
diamètre est déterminé par celui de l'excentrique à vis, et
l'épaisseur des parois est déterminée par la résistance à
opposer aux spirales de la vis qui supporte l'effort de la
charge.

Comme, dans notre système de fermeture, les surfaces
sont perpendiculaires au canon, que le mouvement est un
mouvement de rotation autour de l'axe de l'excentrique à
vis, il s'ensuit qu'on peut employer des cartouches de telles
longueurs que l'on voudra, car l'excentrique à vis ne sert
qu'à ouvrir ou fermer alternativement le canon, mais non
pas à enfermer la charge.

On voit donc combien notre système est simple, solide, facile à manœuvrer et en même temps différent de tous ceux que nous avons décrits, et surtout des systèmes à mécanisme interne qui rentrent dans la même classe, parce que, dans le dernier système à cylindre, le trou du canon était fermé par une surface courbe, tandis que dans le nôtre c'est une surface plate et perpendiculaire à l'axe du canon. Si l'on veut se souvenir que nous avons insisté sur l'usage d'un tampon intermédiaire entre les surfaces du mécanisme et les gaz produits par l'inflammation de la poudre, on verra que seul notre système permet facilement l'emploi de ce tampon, et que nous pouvons le placer à la base de chaque cartouche pour servir de bourre à la cartouche suivante, empêcher les gaz de s'échapper, faciliter l'inflammation complète de toute la poudre, et, de plus, nettoyer le canon par son passage en avant de la balle.

Comme le tampon a exactement le calibre du canon, qu'il est fait de matière compressible, au moment de la déflagration, il est appliqué contre la vis de culasse et les parois du canon, il intercepte les gaz et empêche leur contact avec le mécanisme; aussi pas d'encrassement possible avec des tampons bien faits. Nous ne craignons pas de le dire, la seule fermeture qui rendra les armes se chargeant par la culasse, pratique, c'est l'excentrique à vis. Jamais elle ne peut être soudée ni arrêtée dans son mouvement, car à chaque ouverture les parois de juxtaposition se séparent, s'éloignent de l'épaisseur d'un demi-filet, pour se rapprocher quand on ferme jusqu'à la limite *minimum* de l'écrou, qui est la juxtaposition; dans cette position notre vis excentrique reste fixe.

D'après ce que nous venons de dire sur le principe essentiel qui compose notre système d'armes à feu se chargeant par la culasse, on verra, nous n'en doutons pas, qu'il réunit toute la simplicité, la rapidité de tir, la sûreté d'occlusion, la possibilité d'un tir précis, précipité et suivi pendant un grand nombre de coups, sans nécessiter le nettoyage de l'arme; par son mécanisme interne il est à l'abri de toutes les causes de dégâts ou d'avaries qui peuvent atteindre ou survenir aux mécanismes externes, qui sont et seront toujours défectueux en principe. En un mot, qu'il réunit toutes les conditions exigées pour la solution pratique du chargement des armes à feu par la culasse.

SYSTÈME CHALLETON

**Description du fusil se chargeant par la culasse
avec fermeture à vis excentrique.**

Nous allons décrire notre fusil dans son ensemble, puis
dans ses détails, en nous efforçant de démontrer les avantages que présente sa construction et les résultats que
donnerait son emploi par les troupes.

A première vue, il diffère peu des armes à baguette actuellement aux mains des soldats. Il a les mêmes dimensions de canon et de bois, les mêmes garnitures et la même
batterie, même forme, même baïonnette, même poids ; il
peut être rendu plus léger sans changer ses bonnes qualités ; le calibre peut rester le même ; cependant nous préfé-
rons un calibre beaucoup moindre, 10 millimètres seulement au lieu de 18. Si ce calibre de 18 millimètres avait
été bien choisi pour les armes à canon lisse et tirant des
projectiles sphériques, tant sous le rapport du recul que
pour laisser $1^{\text{mm}},2$ de vent au projectile, on a reconnu bien
vite qu'avec des armes rayées, tirant des projectiles cylindro-coniques, il fallait diminuer le calibre, ce qui n'avait
pas encore été fait cependant, quoique parfaitement constaté

depuis longtemps ; eh bien, ce qui avait été reconnu vrai pour les armes rayées et à baguette, devient bien plus vrai encore avec nos armes se chargeant par la culasse, car dans celles-ci, on obtient un véritable forcement qu'on peut graduer à volonté, tandis que dans les autres, il y avait seulement écrasement, déformation des projectiles, mais jamais un forcement intelligent, calculé et déterminé d'avance, ce qui donne à nos armes cette supériorité et cette régularité de tir, à laquelle toute bonne arme doit satisfaire.

Les armes de notre système ne diffèrent de celles actuellement aux mains des soldats, que par la vis de culasse qui, au lieu d'avoir juste le diamètre de l'âme du canon, comme celle qui ferme le tonnerre des armes à baguette a deux diamètres du calibre, plus quatre millimètres; en ce que cette vis présente un trou excentrique qui, pendant que l'arme est ouverte, vient se placer exactement dans l'axe du canon, permettant ainsi l'introduction de la cartouche ; cette vis excentrique qui ferme le canon porte dix filets de vis, comme dans les fusils à baguette ; leur pas est le même, et par conséquent la surface de rupture ou solidité qu'il représente est au moins la même que dans les fusils à baguette, elle est même plus grande si on considère qu'elle a deux fois le diamètre de la première.

Cette vis excentrique, par rapport à l'axe du canon, n'en est pas moins complétement ronde dans son ensemble ; elle vient se mouvoir et se fixer dans un écrou qui termine la culasse, lequel écrou fait partie inhérente du canon, car il est fait dans l'épaisseur de la culasse elle-même.

La culasse est renforcée en dessous de l'épaisseur d'un calibre; c'est contre cette paroi pleine que vient se fixer le trou de la vis excentrique, pendant que la partie pleine de ladite vis vient fortement s'appliquer contre l'ouverture postérieure du canon. Pendant le tir, un demi-tour suffit pour permettre à la vis excentrique de présenter alternativement le trou qui laisse passer la cartouche ou se visser à fond en présentant sa partie pleine. En un mot, un demi-tour suffit pour ouvrir ou fermer.

Un levier en forme de clef de flûte ou de manivelle qui, par une de ses extrémités, tient à cette vis au moyen de deux crans, et qui est placée horizontalement dans la partie du bois excavée pour laisser introduire la cartouche, vient montrer sa grosse extrémité ou manïvelle sur le bois à la partie latérale droite de la poignée de la crosse ; cette clef est maintenue, fixée, et à l'abri de tout dégât, par la queue de culasse qui, au lieu d'être simple comme dans les fusils à baguette, affecte la forme d'une fourche à deux branches, de telle façon que le soldat puisse, sans abandonner le bois, relever rapidement avec le pouce ladite clef, et avec elle ouvrir la culasse ; car, en considérant bien cette manivelle, on voit que ce n'est qu'un *tournevis*, car elle en remplit les fonctions ; elle est maintenue constamment et fixement en place, possède une très-vive mobilité.

Sur cette clef se meut une petite baguette en fer ou *bourroir*, qui a le calibre du canon, et juste l'épaisseur de la grosse vis de culasse : cette petite pièce sert à pousser la cartouche uniformément à chaque coup, afin que le tir soit plus prompt et plus précis, et que la cartouche n'entrave jamais la vis de fermeture. Au-dessous de ces pièces, et les enveloppant pour garantir le bois et ces pièces elles-mêmes, sont deux plaques en métal qui ont une rainure dans laquelle sont placés et la clef et le bourroir; un ressort placé dans la crosse ramène le bourroir et le maintient en place après chaque charge, ce qui permet une très-grande vitesse de chargement.

Un mécanisme de sûreté empêche le chien de pouvoir se lever ou s'abattre quand la culasse n'est pas complétement fermée. Ce mécanisme, composé d'un petit ressort très-simple, vient faire saillie en avant du chien qui porte un cran à sa base ; chaque fois que la clef fonctionne pour ouvrir, la vis est mise en mouvement. Comme cette clef porte à son extrémité un excentrique, on comprend facilement comment le ressort doit être impressionné chaque fois qu'elle changera de position.

Notre système d'armes est à cheminée et capsule, comme les armes actuelles à baguette. Nous dirons tout à l'heure pourquoi nous avons préféré cette forme sur les armes à cartouche portant leur amorce, ce qui, du reste, peut également se faire dans nos armes ; ainsi, notre système de fermeture à vis excentrique pour les armes se chargeant par la culasse, pourra également servir, soit qu'on adopte un système d'armes à cartouche portant leur amorce, soit à cartouche, à amorce indépendantes. La cheminée, dans le cas du système à amorce indépendante de la cartouche, est comme dans les fusils ordinaires dans le cas de système à cartouche amorcée ; l'aiguille, la broche, le marteau, peuvent être placés soit dans l'axe vertical du canon, soit sur un des côtés. Après mûres réflexions, tenant plutôt aux exigences de la guerre qu'à l'arme elle-même, nous pensons que tout système d'armes ne pouvant agir qu'avec cartouche amorcée, est vicieux au point de vue d'un grand service, car en accumulant des millions de cartouches amorcées dans les arsenaux, n'est-il pas à craindre qu'un choc, un corps pénétrant dans l'une d'elles, une chute, en produisant l'explosion d'une seule cartouche, fasse tout sauter ? n'est-il pas admissible qu'un caisson venant à verser, une balle le pénétrant, l'explosion soit une conséquence du choc sur les cartouches amorcées ; tandis qu'avec la cartouche à amorce indépendante, aucun de ces accidents n'est à craindre, et nous rentrons dans la pratique actuelle ?

De plus, si une cartouche amorcée rate, il faudra l'enlever forcément, tandis qu'avec la capsule, et l'épinglette, on pourra toujours tirer. Le système à cartouche indépendante de son amorce nous paraît bien supérieur, pratiquement, bien qu'il soit en apparence moins séduisant, et nous pensons que si on adoptait sous l'influence de la mode ou de l'entraînement les cartouches amorcées, on les délaisserait bien vite, exactement comme à l'époque de la transformation des fusils à silex en fusils à piston, on voulut aussi des fusils à cartouche portant leur amorce, on fit de nombreux essais, et le comité d'artillerie d'alors, d'accord avec tous les hommes spéciaux et praticiens, dut adopter les fusils à cartouche indépendante de l'amorce : si on suit parfois l'engouement, on revient après sur ses pas. Dans une question aussi importante que celle de la transformation de l'armement des troupes, on ne saurait trop être froid et circonspect, et tout en cherchant à obtenir une bonne arme se chargeant par la culasse, il ne faut pas abandonner les formes de la pratique que la guerre a fait reconnaître utiles et nécessaires même : telles sont les longueurs de canon, de baïonnette, de crosse, les dimensions des pièces d'attache, des platines, etc., car l'arme doit être en même temps arme de jet et arme de main ou arme blanche. Si dans les fusils à aiguille prussiens on a fait emploi de la cartouche portant son amorce, c'est qu'il était impossible de se servir de la batterie actuelle et de la cartouche, à cause de la position qu'elle occupe dans le canon, position si éloignée de la crosse qu'elle rendait l'usage du chien impraticable. Une cheminée et un chien étaient impossibles ; il fallait naturellement une tige assez longue pour pouvoir l'atteindre ; mais s'il eût été possible d'employer des cartouches à amorce indépendante, nul doute qu'on ne l'eût préféré.

Notre système peut s'appliquer aux armes actuellement aux mains des troupes, et épargner ainsi des sommes considérables aux États qui transformeront l'armement de leurs troupes.

Mais si on devait construire des carabines neuves se chargeant par la culasse, nous pensons que le calibre devrait être diminué et que celui de 10 millimètres serait le plus convenable, avec l'emploi de projectiles cylindro-coniques pleins. Dans ces conditions, on obtient une très-grande portée, une très-grande force de pénétration, une forte tension de la trajectoire; de plus, la cartouche ne pèse pas plus de 16 à 18 grammes, un soldat peut en porter facilement 200 dans sa giberne. Nous avons réussi à les rendre hydrofuges, de façon que l'humidité, ni l'eau, ne peuvent les altérer; aussi pendant les nombreux essais que nous avons fait, jamais nous n'avons eu de ratés, quand bien même nous versions de l'eau en abondance sur les cartouches et dans notre fusil.

Le principe essentiel de notre système d'armes se chargeant par la culasse est, nous le répétons, l'emploi de l'excentrique à vis qui seul peut donner une fermeture d'une solidité extrême que l'on peut augmenter à son gré, qui empêche la fuite complète des gaz et l'encrassement, tout en permettant une très-grande facilité de charge et un usage pratique de l'arme en campagne. Si nous insistons sur ce point, c'est que c'est le point important dans toutes les armes se chargeant par la culasse; une fois une bonne fermeture trouvée, le problème pratique est résolu, car les mécanismes qui mettront en mouvement, pourront être plus ou moins ingénieux; ils n'ont qu'une action secondaire, et leurs perfectionnements, lorsqu'on fabriquera, porteront seulement sur la force et les dimensions des pièces. C'est à ceux-là seulement qui sont chargés de construire

des armes pour les troupes que revient le rôle de les déterminer, puisque c'est là une question d'appréciation pratique ou de fantaisie militaire.

Nous avons cherché avant tout à réunir toutes les conditions de solidité des armes à baguette, tout en permettant
la charge par la culasse. Si on pouvait, par exemple, dé-
visser la culasse d'un fusil actuel, introduire la cartouche
dans le canon, puis la revisser et la monter sur le bois,
n'aurait-on pas le mode de chargement le plus sûr, au
point de vue de la solidité et de la possibilité d'un forcement qu'on aurait pu calculer d'avance en donnant à la
balle de justes dimensions en rapport avec celles du canon.
Eh bien, notre arme réunit ces conditions et permet en
outre d'opérer ce chargement d'une façon rapide, car,
dans l'une comme dans l'autre, la fermeture est faite au
moyen d'une vis. La cartouche est bien engagée, seulement notre arme a la supériorité du chargement précipité.
Ce qu'on désirait obtenir, quant à la solidité, personne
ne peut le discuter; car, si la vis qui ferme aujour-
d'hui le tonnerre des armes à baguette résiste à toutes les
exigences des charges, notre vis, qui présente une surface
de rupture plus grande, un diamètre plus grand, la même
épaisseur et la même qualité de métal, un même nombre
de spirales ou filets, résistera mieux encore à la pression de la charge. Notre vis de fermeture, quoique rendue
mobile pour l'introduction de la charge, est fixe au moment
de l'explosion, tout comme la vis de culasse dans les armes
à baguette. Notre excentrique à vis reçoit donc l'action vio-
lente des gaz sur une superficie égale à l'âme du canon, de
sorte que le choc produit se transmet à tout le corps de la
vis, bien qu'il se produise en dehors de l'axe du canon, et
la décomposition s'opère sur l'ensemble des filets de vis
qui forment la résistance. Les frottements sont insensibles,

car notre excentrique à vis ne se déroule jamais que d'un demi-tour, les parties de contact sont graissées, rien ne peut les atteindre ni les encrasser. Les autres parties de l'arme sont exactement les mêmes que dans les fusils à baguette; nous n'avons pas voulu nous éloigner des types adoptés comme formes et dimensions.

Nous avons cependant créé des types spéciaux pour la cavalerie et l'infanterie, ainsi que des pièces d'artillerie de campagne, dont nous allons parler. Mais ces dimensions n'ont rien d'absolu, et sont indépendantes du système en lui-même, qui peut être appliqué à toutes espèces d'armes, au gré de ceux qui les font construire. Nous offrons une idée juste donnant des résultats pratiques; nous pensons avoir résolu d'une façon définitive le problème du chargement des armes par la culasse qu'on a tant cherché. Ce qu'il faut pour que le problème soit résolu, c'est une bonne fermeture de culasse. Nous l'avons trouvée et nous ne craignons pas d'avancer que tous les systèmes par juxtaposition, verrou, tampon, plaque glissante, etc., quelque ingénieux comme mécanismes, ne pourront donner une solution pratique : seule la fermeture à vis la donnera, parce que la vis est en mécanique un moyen dont on ne peut discuter la solidité, la durée, etc. Il fallait donc, en conservant ce moyen mécanique et tous ses effets de résistance, le mobiliser, pour rendre la charge pratique par la culasse; c'est ce que nous avons fait : nous l'avons excentré, pour avoir alternativement une partie ouverte et une partie pleine à opposer en face de l'âme du canon, et nous l'avons rendu mobile, avec un demi-tour. Toute l'idée est là : elle est bien simple, mais en mécanique et en artillerie surtout, être prompt, fort et simple, sont les conditions de succès.

Notre système peut être à peu de frais appliqué aux armes actuelles, et nous avons cherché à utiliser le canon des fusils en le ramenant à un calibre moins fort; nous avons réussi à réduire des canons de fusil de 18 millimètres de diamètre à 10, 9 et 8 millimètres, sans augmenter leur poids, et sans les déformer. Au contraire nous avons vu l'épaisseur des parois augmenter tout en conservant intacte l'âme du canon.

La cartouche que nous employons est faite en papier, porte la balle, et de deux petites bourres de feutre-carton ou caoutchouc; l'une à l'arrière ou culot, l'autre à l'avant qui sépare la poudre de la balle. Elle est rendue complétement hydrofuge par un enduit spécial.

De l'artillerie.

Notre système de fermeture peut s'appliquer non-seulement aux armes portatives, mais encore aux pièces d'artillerie, et permettre de les charger par la culasse; nous avons vu qu'elle présentait toutes les conditions de solidité requises et qu'on pouvait à volonté augmenter la surface de rupture ou les résistances aux chocs de la charge, puisque ce n'est plus qu'une question de dimensions, d'épaisseur et de nombre de spirales, ainsi que le pas de ces spirales à déterminer par le calcul. Nous ne reviendrons donc pas sur ce que nous avons déjà écrit relativement à la vis excentrique considérée sous le rapport de la solidité.

Lorsque, faute d'une fermeture convenable, on eut abandonné le chargement primitif des pièces par la culasse, et adopté le chargement par la gueule, l'artillerie gagna à ce changement la solidité et la simplicité, elle put servir sans avoir à redouter les ruptures, les fuites et tous les accidents qui en étaient la conséquence avec les fermetures à verrou, à clef, etc., employées dans l'origine; depuis lors toute l'attention des artilleurs se porta sur la bonne confection des pièces, sur la composition du métal employé, sur la bonne fabrication des pièces, sur leur forage régulier, sur les dimensions à donner aux parois par rapport aux charges à tirer, sur les projectiles, enfin sur tous les perfectionnements qui l'ont amenée au degré élevé qu'elle occupe aujourd'hui dans les armées européennes.

La supériorité du tir de l'artillerie sur celui des armes portatives, réside dans trois conditions principales :

La portée;

La précision ;

L'intensité des effets.

Les fusils et les carabines, par l'adoption des projectiles allongés, par l'introduction de la rayure dans le canon, satisfaisaient aux deux premières et auraient fait penser justement que l'artillerie serait devancée et perdrait de son ancienne prééminence si elle ne suivait, elle aussi, la marche du progrès. Mais l'artillerie n'avait pas attendu, pour marcher dans la voie du progrès, que l'exemple lui fût donné : depuis longues années, elle travaillait en silence, seulement le problème qu'elle avait à résoudre était bien autrement ardu, les difficultés étaient bien plus grandes que pour les armes à feu.

Les procédés successivement proposés pour obtenir plus de portée et plus de justesse, pour les boulets comme pour les balles, peuvent être classés en trois catégories.

Dans la première, on cherche à supprimer le vent, c'est-à-dire l'espace laissé libre entre le projectile et l'âme de la pièce. On conçoit que le projectile d'un diamètre plus petit que celui de l'âme de la pièce sort, non en glissant contre ses parois, mais par bonds successifs, ce qui est à la fois une cause de détérioration pour l'arme et d'incertitude pour le tir. Dans la carabine à balle forcée, au contraire, la balle sort en glissant, et c'est là précisément la cause de la supériorité de son tir sur celui de la balle roulante qui ricoche le long de l'âme du fusil. Mais on peut forcer une balle en plomb contre les parois en fer d'une carabine. Comment forcer un projectile en fonte contre les parois en bronze d'un canon? Nulle possibilité d'ailleurs de changer le métal du projectile, tant à cause du prix exagéré qu'atteindraient les approvisionnements en un métal plus cher que la fonte, que parce que la dureté de celle-ci est la condition essentielle de la pénétration des projectiles dans les corps durs, pour la destruction des fortifications notamment. Il en est de même pour les pièces de canon ; nul doute que dans l'avenir on prendra des pièces en acier fondu.

On voit de suite que, sur cette première question, les conditions du problème sont inverses : ici, un projectile d'un métal plus malléable que celui de l'arme ; là, au contraire, un projectile rigide et une arme d'une détérioration très-facile. C'était là une grande difficulté du problème pour les bouches à feu.

Dans la deuxième catégorie, on change la forme du projectile, on l'allonge pour le rapprocher de la forme du solide de moindre résistance, ce qui permet de tirer un poids plus grand avec une âme d'une dimension et d'une résistance données, et l'on espère procurer au tir plus de justesse, en imprimant au projectile, ce qui est indispensable avec la forme allongée pour maintenir la direction, un mouvement de rotation autour de son grand axe. Enfin, dans la troisième, on cherche à combiner les effets de la suppression du vent et de la rotation du projectile.

La rotation, condition essentielle de l'emploi des projectiles non sphériques, est imprimée par deux méthodes différentes.

La première consiste à engager dans des rainures faites en hélice dans l'âme de la pièce, des tenons en saillie sur la surface du projectile. Dans l'autre, on utilise la pression des gaz, soit contre des palettes posées sur une tige vissée à l'arrière du projectile, soit contre des évents pratiqués dans les projectiles mêmes.

Pour mieux faire comprendre l'application de ces différents procédés, nous citerons quelques-uns des plus récents qui en offrent chacun un exemple remarquable.

Nous étudierons auparavant un système tout particulier qui a été tenté en Angleterre pour des canons en fonte qui ont un moment attiré l'attention publique. Je veux parler des canons Leicester, qui sont des canons en fonte à âme tordue. Le problème mécanique consistant à exécuter une âme semblable à l'aide d'un alesoir, dont l'outil est guidé par un noyau central hélicoïdal, est évidemment soluble, et, en effet, l'exécution de ces canons a été fort bien réussie en Angleterre. Mais ce qui n'a pas réussi, c'est le canon même, et d'abord il ne répondait qu'à une partie du problème; il ne comportait évidemment pas de projectiles allongés, ce qui est une condition essentielle de succès. Toutefois, un mouvement de rotation autour de l'axe horizontal suffit pour accroître la justesse du tir dans une grande proportion, aussi les résultats des premières expériences avaient fait croire à un certain succès pour ce genre de canons; mais, comme on devait s'y attendre, le boulet rencontrant des parois inclinées a produit des effets destructeurs pour la pièce, pour peu surtout que le vent du projectile fût un peu notable. L'expérience a parfaitement prouvé qu'il n'y avait rien à faire dans cette voie.

Le major Cavalli, officier de l'armée sarde, a proposé le premier un système assez pratique pour que son adoption ait eu lieu chez quelques puissances; en Sardaigne, par exemple, et en Angleterre pour l'artillerie de marine. Cet officier fut envoyé en 1846 à Acker, en Suède, pour fabriquer et expérimenter des pièces de son invention, d'un gros calibre, destinées à remplacer les mortiers pour la défense des côtes. Son canon est en fonte, du calibre de 30 ; l'âme porte deux rainures en hélice au pas de $3^m,75$; le chargement a lieu par la culasse.

Le projectile pèse 25 kilogr., est cylindro-ogival et porte sur sa partie cylindrique deux ailettes, venues de fonte avec le projectile, qui entrent dans les rainures de la pièce. C'est, comme on le voit, le système de rotation sans le forcement. Les épreuves constatèrent de remarquables résultats ; ainsi avec 3 kil. 628 de poudre et sous un angle de 5°, les portées moyennes des boulets sphériques et des projectiles allongés étaient à peu près les mêmes ; mais, sous l'angle de 10°, les secondes dépassent les premières de 558 mètres, et de 700 sous l'angle de 15°.

Si l'on prend la charge de 4 kil. 534, l'augmentation de portée commence avec l'angle de 5° ; elle est alors de 100 mètres, puis de 600 mètres pour 10°, et enfin de 1,000 mètres pour 15°.

Enfin, avec une charge de 5 kilogr. que l'on adopta, on obtint une portée moyenne de 5,000 mètres, tandis que le mortier de 72, avec une charge de 14 kilogr., ne va que jusqu'à 4,000 mètres, et avec une justesse incomparablement moindre. Ces travaux furent connus en France par les rapports du capitaine Lepage, que le gouvernement avait envoyé successivement en Suède et en Angleterre pour assister aux diverses épreuves qui y furent faites. Le capitaine Lepage ne se contenta pas de ces simples renseignements ; il proposa à son tour une pièce de même nature, mais en supprimant le chargement par la culasse, si évidemment défectueux. Des épreuves, pleines d'intérêt, en furent faites à Calais, en 1854, et servirent, avec les résultats obtenus à Gavres par la marine, à arrêter définitivement la pièce adoptée pour l'armement des côtes, qui est une pièce en fonte à trois rainures, se chargeant par la gueule et appartenant à la deuxième catégorie, c'est-à-dire donnant sa rotation sans forcement avec un projectile allongé.

Mais le problème était loin d'être résolu pour les pièces en bronze. On ne pouvait songer aux ailettes en fonte, qui eussent mis les bouches à feu immédiatement hors de service, en arrachant le bronze, puisque le rapport de dureté entre l'âme et le projectile est inverse de celui qui existe dans la carabine, où le projectile en plomb suit les rainures d'une âme en fer.

De plus, il n'était pas prouvé qu'à des distances plus rapprochées, telles que celles demandées par le service de campagne, la justesse dans le système de rotation sans forcement fût supérieur à celle des projectiles sphériques.

En 1850, M. le lieutenant Gras proposa deux projectiles cylindro-ogivaux auxquels il proposait de donner un mouvement de rotation autour de leur grand axe, et cela sans faire subir à la pièce en bronze aucune modification, en employant la réaction des gaz passant par des évents inclinés ménagés à l'intérieur, ou dans des canaux pratiqués à la surface du projectile.

La rotation fut produite d'une manière assez satisfaisante, mais la trajection était très-irrégulière, et l'on fut conduit à admettre en principe que, dans tout système de projectile allongé tournant autour de son axe, la condition de la suppression du vent ou du forcement était indispensable. En effet, si l'on considère la manière dont un projectile sphérique se comporte dans l'âme de la pièce au moment de l'expansion des gaz causée par l'inflammation de la poudre, on remarque d'abord une pression sur cette âme par la partie inférieure du projectile, celui-ci se relève ensuite et parcourt l'âme de la pièce par bonds successifs; c'est ce qu'on appelle les battements, cause principale des irrégularités du tir qui croissent avec la forme allongée du projectile et qui ne sont en rien diminuées par la rotation insuffisante produite par l'expansion des gaz. D'autres systèmes destinés de même à produire la rotation sans forcement n'ont pas eu des résultats plus satisfaisants.

La même cause amena le même résultat et vint confirmer la même conclusion pour le système, qui était un pas important vers la solution de la question.

L'auteur proposait de creuser dans l'âme de la pièce trois rainures hélicoïdales; dans ces rainures s'engageaient des boutons en cuivre faisant saillie sur le projectile où ils étaient fixés dans un plan passant par son centre de gravité.

Les résultats furent bien autrement constants qu'avec le projectile précédent, mais toujours avec une trop grande incertitude dans la trajectoire.

Cependant la question venait de faire un pas; le tenon en cuivre n'endommageait pas d'une manière sensible la rainure pratiquée dans l'âme en bronze de la pièce, et dès lors on pouvait espérer pouvoir appliquer à l'artillerie de campagne le système Cavalli par l'interposition, entre le bronze de la pièce et la fonte du projectile, d'un métal qui n'eût pas les effets destructeurs du second.

On essaya, pour opérer le forcement, d'enfermer les projectiles dans des sabots métalliques susceptibles de s'écraser par l'effet de l'explosion. Ce culot, presque toujours brisé dans l'intérieur de la pièce, était projeté à petite distance, et par suite d'un emploi dangereux. Cela n'était pas admissible.

Nous arrivons enfin au système qui donna la solution du problème, si longtemps et si vainement cherchée.

L'expérience avait démontré que toute modification apportée au projectile sans rayer la pièce ne pouvait réussir.

L'axe de plus grande stabilité étant fort différent de l'axe de symétrie dans les projectiles allongés, dans une position donnée, dès que la rotation commence à s'établir autour de ce dernier axe, le projectile se présente plus ou moins de côté, les résistances extérieures croissent rapidement et diminuent en même temps la portée et la justesse.

Il n'en est pas de même avec des projectiles allongés à ailettes tirés dans des armes rayées : la force de rotation est alors suffisante pour donner au projectile une direction normale ; cependant, à sa sortie de l'âme de la pièce, il se présente encore dans des conditions assez variables pour influer, d'une manière fâcheuse, sur la constance de la trajectoire ; de là une seconde condition imposée, le forcement.

Enfin on ne pouvait songer à employer, dans des armes rayées en bronze, des projectiles en fonte garnis d'ailettes de même métal, comme dans la pièce Cavalli ; autre problème à résoudre : tous allaient recevoir pour la première fois une solution satisfaisante.

M. Tamisier s'était beaucoup occupé du tir des carabines rayées, ce qui lui permit d'établir que les principes appliqués à ce tir devaient être les mêmes pour celui des canons rayés. Il se posa donc pour condition :

I. Pour le canon :

Une âme rayée.

II. Pour le projectile :

1° La forme oblongue cylindro-conique ou cylindro-ogivale ;

2° Le mouvement de rotation autour du grand axe ;

5° Des résistances directrices pour corriger la dérivation dont nous parlerons tout à l'heure ;

4° Enfin le forcement ou la suppression des battements.

Voici comment il satisfit à chacune de ces conditions :

La pièce choisie pour les expériences était une pièce de 8 ; elle reçut trois rayures en hélice, également espacées de 4 millimètres de profondeur et de 22 millimètres de largeur, dirigées de gauche à droite pour l'observateur qui regarde la partie supérieure de l'âme, en étant placé à la culasse de la pièce, de sorte que le projectile sort en tournant de gauche à droite.

Le projectile était creux, cylindro-ogival, d'une hauteur double environ du diamètre de l'âme de la pièce, et pesant à peu près deux fois le projectile sphérique ordinaire. Sur la partie cylindrique du projectile, en haut et en bas, se trouvaient disposés, deux à deux, six tenons se raccordant exactement comme position, mais avec des dimensions un peu moindres, avec les rayures de la pièce. Ces tenons étaient en zinc laminé. Cette application du zinc, qui appartient en propre à M. Tamisier, est, à elle seule, la plus grande partie de la solution du problème; et malgré nombre d'essais on n'a pu s'en écarter.

Dans le tir des projectiles allongés, on remarque qu'ils portent toujours dans le sens de leur rotation, c'est-à-dire que s'ils sortent de l'âme de la pièce en tournant de gauche à droite, ils porteront d'une manière fort sensible à droite; c'est ce qu'on appelle la dérivation. Pour corriger cette dérivation, des cannelures horizontales à arêtes vives furent pratiquées sur la partie cylindrique du projectile; elles étaient au nombre de 7, avec une profondeur de 2 millimètres. Quant au forcement, M. Tamisier l'obtint par un moyen fort ingénieux, mais qui demande, pour être compris, quelques explications préalables.

La rotation est produite par la pression du tenon du projectile contre la rainure de l'âme de la pièce; celle-ci étant tracée en hélice, entraîne dans sa direction le projectile. Ainsi, si la rotation est à droite, c'est-à-dire si le projectile doit sortir en tournant de gauche à droite, elle est produite par la pression du flanc gauche du tenon contre la face correspondante de la rainure.

Nous donnerons à ces faces le nom de faces directrices du tir.

Lorsqu'au contraire le projectile entre dans la pièce, la rotation se fait par la pression des deux faces opposées. Nous appellerons ces faces : faces directrices du chargement.

Ceci posé, examinons le tenon de M. Tamisier :

Le tenon en zinc laminé était mobile, entrant dans un encastrement et glissant sur un plan perpendiculaire au rayon passant par l'extrémité.

Dans le chargement, la pression des deux faces ne produit aucun déplacement du tenon; mais dès que le projectile se met en marche, chassé par l'expansion des gaz, la pression des deux faces directrices du tir fait glisser le tenon sur le plan.

La saillie du tenon sur le projectile augmente alors, et son sommet vient butter contre le fond de la rainure. Il y a donc suppression du vent dans le fond des trois rainures; les battements sont en partie annulés, et le projectile, dont l'axe se confond sensiblement avec celui de la pièce, se trouve forcé.

Il était difficile de trouver une solution plus ingénieuse. Employer des tenons rapportés en zinc et leur faire produire le forcement, c'était résoudre complétement le problème de la manière la plus heureuse et la plus nouvelle. Deux commissions, dont M. Tamisier faisait partie, examinèrent le système à Vincennes, en 1850 et 1851, et demandèrent la continuation des épreuves, qu'elles déclarèrent satisfaisantes. Malheureusement M. Tamisier donna en décem-

bre 1852 sa démission, et se vit forcé d'abandonner ainsi
à d'autres le soin des perfectionnements qui devaient
rendre son œuvre pratique. La gloire de la solution trouvée
ne lui en appartient pas moins tout entière, et ses cama-
rades n'ont jamais cherché à la lui contester.

En 1853, la question fut reprise à la Fère, au point où
l'avait laissée M. Tamisier, et fut soumise à une nouvelle
commission, présidée par le général Larchey.

La commission, à la fin de ses travaux, résumait ainsi
les observations qui donnent une idée complète de l'état
où se trouvait la question des canons rayés en 1853 :

1° Le chargement se fait sans difficulté toutes les fois
que le tenon est en place.

2° La mobilité du tenon, à laquelle est dû le forcement,
présente plusieurs graves inconvénients. Dans le transport,
le tenon se déplace, ce qui rend le chargement impossible;
souvent même il s'échappe de son encastrement; plusieurs
ont été retrouvés au fond des coffres. Enfin, la moitié au
moins de ces tenons est lancée avec la force d'une balle,
à droite et à gauche en avant de la bouche de la pièce.

3° En arrivant au but, ou à la fin de leur portée, les projectiles ne sont pas toujours présentés la pointe en avant.

4° La dérivation à droite n'est sensible que dans la
deuxième partie de la trajectoire : on peut n'en tenir aucun compte jusqu'à 1,000 mètres. Dans le tir sous de
grands angles, il est facile, vu sa constance, d'y remédier
par le pointage.

5° La supériorité de la pièce de 6, tirant un projectile
pesant 5 kilogr., avec une charge de 850 grammes de
poudre seulement sur la pièce de 12 de campagne ordinaire, tirant un projectile de 6 kilogr. avec 2 kilogr. de
poudre pour charge, s'est toujours maintenue sous le
rapport de la justesse et de la portée.

De 600 à 900 mètres le tir est au moins égal pour les deux pièces; à 900 mètres, celui de la pièce de 6 devient incontestablement supérieur; à 1,200 mètres cette supériorité augmente; à 1,500 et à 1,800 mètres, le tir de la pièce de 12 est sans effet, celui de la pièce de 6 est encore efficace.

6° Les ricochets sont plus nombreux et plus rasants dans le système rayé que dans l'ancien système roulant.

7° Dans le tir, sous de grands angles, mêmes résultats quant à la portée; sous l'angle de 30°, l'obus de la pièce de 6 a donné une portée moyenne de 4,400 mètres. Dans les mêmes conditions, le boulet de la pièce de 12 n'en a obtenu qu'une de 3,100, sans aucune justesse.

8° Les fusées lisses en bois et en zinc ont été essayées sans succès, probablement à cause de la faiblesse du diamètre de l'œil, et par conséquent de celle de la surface d'adhésion des fusées à la paroi de l'œil.

9° L'affût de 6 n'a éprouvé aucune fatigue, quoique dans le tir, sous de grands angles, il ait été placé dans les conditions les plus défavorables.

Devant d'aussi remarquables résultats, la commission n'hésite pas à conclure qu'il est de la plus haute importance de continuer les expériences relatives aux bouches à feu rayées tirant avec des projectiles à tenons en zinc.

Que les expériences doivent porter surtout:

1° Sur la possibilité de substituer un tenon fixe au tenon mobile;

2° Sur toute autre méthode qui tendrait à rendre le chargement plus facile dans toutes les circonstances, soit de jour, soit de nuit;

3° Sur les moyens d'adapter à l'obus une fusée, soit en taraudant l'œil, soit en augmentant son diamètre;

4° Sur la meilleure forme à donner au projectile, en

considérant l'obus de M. Tamisier comme remplissant le mieux les conditions de justesse et de portée.

Une nouvelle commission, composée des mêmes membres, et toujours présidée par le général Larchey, se réunit en 1854, et le ministre lui ayant laissé toute latitude pour faire tous les essais qu'elle jugerait convenables dans les voies qu'avait tracées le rapport de 1853, le capitaine de Chanal, qui en avait été l'auteur, soumit à son examen cinq propositions :

1° Égueuler la pièce par un chanfrein de 4 millimètres et en même temps raccorder le culot du projectile avec sa partie cylindrique, par un arc de cercle de 20 millimètres de rayon. Le chargement devait alors se faire avec la même facilité que pour les projectiles sphériques ;

2° Agrandir l'œil de l'obus de manière à se servir de la fusée de 24 ordinaire ;

3° Supprimer comme inutiles les rainures horizontales des projectiles destinées à procurer des résistances directrices ;

4° Enfin remplacer le tenon mobile par un tenon fixe, mais en modifiant la forme de la rayure de la pièce ;

5° Remplacer, par suite de ce changement d'action du tenon, le zinc laminé de M. Tamisier par du zinc fondu.

La quatrième proposition, qui était la principale, et ne tendait à rien moins qu'à entraîner la commission dans l'examen d'un nouveau système, fut celle qui souleva le plus d'objections ; elle ne fut admise que grâce au général Larchey, qui comprit de suite que là résidait la solution définitive des canons rayés. Il importe de bien faire comprendre en quoi elle consistait.

On se rappelle ce que nous avons appelé faces directrices du tir, faces directrices du chargement. Lorsque le projectile est en marche dans l'intérieur de l'âme de la pièce, il tourne, en vertu de la pression de la face directrice du tir, de la rainure contre la face directrice du tenon ; cette pression est représentée par une perpendiculaire à la directrice de ces deux faces.

Le forcement s'opère par la pression du sommet du tenon contre le fond de la rainure. Cette seconde pression est représentée par une normale à la surface interne de l'âme ; or, si l'on compose ces deux lignes, la force ou la résultante donnera à la fois et la rotation et le forcement, en abattant donc le chanfrein de la face directrice du tir de la rainure. Suivant une ligne perpendiculaire à cette composante, cette nouvelle face donnera la pression cherchée, pression qui produira la rotation et le forcement.

On peut encore se rendre compte autrement de la réalité de ce résultat : soit une pièce dont la rainure ait ses deux faces directrices du tir et du chargement, construites suivant le prolongement des rayons de l'âme et la face directrice du tir, le tenon ne peut que s'appuyer contre elle en l'hélice de la rainure ; il y a alors rotation sans forcement ; soit, au contraire, cette face directrice inclinée, la coupe longitudinale montrera l'inclinaison de la face produisant une véritable modification de l'âme devenue d'un rayon variable ; en sorte que l'on peut dire que c'est le plan incliné du projectile sur lequel glissait le tenon qui se trouve transporté sur la pièce, et que le forcement est obtenu par des moyens exactement inverses. Dans le cas du tenon mobile, le forcement était produit par un projectile d'un rayon variable tendant sans cesse à s'accroître, glissant dans une âme d'un diamètre constant ; dans celui du tenon fixe, il est produit par un projectile d'un rayon constant, glissant dans une âme dont le rayon variable tend sans cesse à diminuer.

Cette dernière démonstration est moins saisissante que

la première; mais, outre qu'elle sert à la compléter, nous tenions à la produire parce que c'est en voulant, par une coupe de la pièce, se rendre compte de l'effet produit par la direction du tir de la rainure contre la face directrice du tir du tenon, que M. de Chanal a trouvé la solution qui faisait l'objet de sa proposition.

Nous avons dit que la proposition avait été accueillie par maintes objections. M. de Chanal avait remarqué que, lorsque les tenons du projectile Tamisier restaient en place, ils prenaient l'empreinte de la rainure de canon; il prétendait donc que les tenons fixes viendraient se mouler, pour ainsi dire, sur le chanfrein abattu de sa nouvelle rainure, et former, de cette manière, un ajustage parfait entre le projectile et la pièce; on répondait, au contraire, que la pression du nouveau flanc de la rainure serait telle qu'elle raserait complétement les tenons, et que, si un mouvement de rotation était d'abord imprimé au projectile, ce dernier, privé de ses tenons, sortirait de la pièce sans être forcé comme le projectile Cavalli.

M. le colonel Treuil de Beaulieu, chef de l'atelier de précision du dépôt central, disait que ces tenons, rapportés après coup, n'avaient rien de pratique; et il voulait faire substituer au projectile que la commission de la Fère avait adopté, un projectile en fonte qu'il avait, disait-il, inventé depuis deux ans.

On a voulu établir, au moyen de ce projectile, une question de priorité. Ce ne peut être sérieusement, car l'insuffisance de ce système est par trop évidente. En effet, le projectile avait des tenons venus de fonte dont les deux flancs étaient tangents à sa partie cylindrique, et c'est à ce titre que l'inventeur réclamait pour lui la priorité de l'idée de la rainure à flanc incliné. Or ce projectile, qui n'avait été l'objet d'aucune proposition, parfaitement inconnu à la commission de la Fère, était impossible. En inclinant également le flanc directeur du chargement et le flanc directeur du tir, son auteur prouvait qu'il s'était rendu un compte fort peu exact du rôle que devait jouer cette inclinaison. Le projectile, avec ses tenons en fonte, aurait en dix coups mis la pièce en bronze hors de service. « Mais, disait M. Treuil, il n'y a pas de frottement plus doux que celui du fer sur le cuivre. — Il ne s'agit pas seulement de frottement, lui répondait-on, mais d'abord, au départ, d'un choc, et ensuite d'une énorme pression pendant tout le parcours de l'âme de la pièce. — J'étamerai fortement mon tenon. — Votre étamage ne garantira pas suffisamment la pièce; » et puis comment espérer faire venir de fonte un projectile tellement ajusté que les trois faces de ces tenons viennent s'appliquer sur les trois faces des rainures correspondantes, ajustage qui se fait aisément quand on emploie le zinc.

Le seul système qui eût pu, au point de vue de la priorité, primer celui de M. de Chanal, est le système de M. Didion. Pendant les épreuves Tamisier, en 1850, M. Didion proposa et essaya un nouveau système de rayure.

Le fond de la rayure donnait le forcement, et en partie la rotation; il n'était plus concentrique avec l'âme de la pièce, mais incliné vers la face directrice du tir; celle-ci se trouvait réduite à un simple arrêtoir de 2 millimètres. Quant au projectile, au lieu de deux tenons il n'avait, par rayure, comme le projectile Cavalli, qu'une ailette qui occupait toute la hauteur de sa partie cylindrique. Ces ailettes étaient du métal d'imprimerie et fondues sur le projectile lui-même. Il est évident que si les épreuves de ce système eussent été suivies avec attention, si la proposition de M. Didion eût rencontré un patronage intelligent, on serait très-probablement arrivé, avec quelques modifications qu'aurait apportées l'expérience, à la solution de M. de Chanal, et le problème de l'artillerie rayée aurait été résolu quatre à cinq ans plus tôt, c'est-à-dire assez à temps pour recevoir son baptême de feu à la guerre d'Orient.

Grâce, cependant, à l'énergie et à la persévérance de M. le général Larchey, que l'on peut, dans cette circonstance, considérer comme le second père du système proposé, les expériences eurent lieu, et toutes les prévisions du capitaine de Chanal se vérifièrent.

Les tenons ne furent pas rasés; le projectile sorti de la pièce sans aucun battement, tournait autour de son grand axe et avait gagné en justesse et en portée sur le projectile Tamisier

L'arrondissement du raccordement du culot avec la partie cylindrique du projectile, destiné à faciliter le chargement, n'eut aucune influence sur le tir.

Il en fut de même de la suppression des résistances directrices; enfin, le zinc fondu put remplacer, pour les tenons le zinc laminé qui garnit les tenons mobiles de M. Tamisier.

En 1855, une nouvelle commission s'assembla à Calais; on mit à sa disposition deux pièces de 16 tirant des projectiles de 15 kilogr. Ces pièces et leurs projectiles étaient exactement construits d'après les principes dont l'application avait réussi à la Fère, c'est-à-dire que l'on allait continuer les épreuves du système Tamisier, modifié par M. de Chanal, mais sur un gros calibre.

On était alors au plus fort de la guerre de Crimée, et le siége de Sébastopol, ainsi que les projets d'attaque dans la mer Baltique, demandaient l'emploi des engins les plus puissants. La même commission devait essayer en même temps deux pièces en fonte du système Cavalli, modifié par M. le commandant Lepage; modification qui, comme nous l'avons dit déjà, consistait à les charger par la bouche, tandis que la pièce primitive Cavalli se chargeait par la culasse. Ces pièces étaient des obusiers de 80, forés au calibre de 30 et tirant des projectiles pesant 50 kilogr.

Les expériences démontrèrent que la modification Lepage était possible. Le projectile se chargeait aussi facilement qu'un boulet sphérique, et le tir fut aussi satisfaisant que celui de la pièce Cavalli, sous le rapport de la portée et de la justesse.

Les deux pièces en bronze de 16, système Tamisier modifié, donnèrent des résultats inattendus, même pour les esprits les plus prévenus en leur faveur.

Les tableaux suivants en sont le résumé, comparativement à ceux obtenus par les pièces de même calibre à boulets sphériques.

La pièce de 16 ordinaire, tirant un projectile de 8 kilogr. avec 2 kil. 66 de charge, a une portée de :

>   955 mètres pour une inclinaison de tir de   2°
>   1,230   —   —   de   3°
>   1,160   —   —   de   4°
>   2,020   —   —   de   7°
>   3,100   —   —   de 15°
>   4,000   —   —   de 40°

La pièce de 16 rayée, tirant un projectile de 15 kilogr. avec 2 kil. 50 de charge, a une portée de :

>   500 mètres pour un tir horizontal de   0°
>   1,000   —   pour un angle de tir de   1°,30
>   1,500   —   —   de   3°
>   2,000   —   —   de   4°,45
>   3,000   —   —   de   9°,10
>   4,000   —   —   de 14°
>   5,000   —   —   de 20°

Ainsi, pour obtenir un tir de 4,000 mètres, il faut mettre la pièce de 16 ordinaire sous un angle de 40°, impossible dans la pratique habituelle de la guerre. On tire, au contraire, facilement la pièce rayée sous un angle de 20°, et l'on obtient une portée de 5,000 mètres.

Quant à la justesse, le premier tir en a si peu que son appréciation à cette distance ne se trouve dans aucun ouvrage ; celle de la pièce rayée peut, au contraire, avoir de fort bons effets ; ainsi, la comparaison des deux tirs, sous le rapport de la justesse, donne le tableau suivant :

DISTANCES.	16 ORDINAIRE MOYENNE DES ÉCARTS.	16 RAYÉE MOYENNE DES ÉCARTS.
1,000^m	2^m,30	1^m,28
1,500	»	»
1,600	7 ,20	1 ,43
2,000	13	1 ,63
2,200	17	»
2,400	22	»
2,500	»	3 ,60
4,000	»	5 ,50
5,000	»	15 ,29

Enfin, pour terminer ces comparaisons, le canon de 16 ordinaire, à 550 mètres, atteint une embrasure de batterie 14 fois sur 100 ; le canon de 16 rayé, à 1,000 mètres, donne le même résultat 40 fois sur 100. Quant à la dérivation, sa constance fut telle, qu'il fut possible de dresser une table des hausses horizontales et verticales, depuis 1,000 jusqu'à 5,000 mètres, la hausse horizontale étant destinée à corriger complétement cette dérivation.

Les conclusions de la commission furent que le problème

était résolu, qu'il n'y avait pas un moment à perdre pour transporter les épreuves sur le théâtre de la guerre. La commission demandait seulement, comme celle de la Fère, la suppression des rainures destinées à procurer des résistances horizontales, l'arrondissement du culot du projectile et enfin un agrandissement de la chambre intérieure, pour que le projectile pût contenir une plus grande quantité de poudre.

Le capitaine de Chanal, devenu le major de Chanal, était encore rapporteur de la commission, mais la commission n'avait pour président qu'un colonel, et son enthousiasme recevait à Paris encore des sourires d'incrédulité. Le rapporteur, le major de Chanal, se décida à porter, directement sous les yeux de l'Empereur, les résultats obtenus à Calais. A cette époque, la guerre de Crimée préoccupait tous les esprits, et la cause des projectiles allongés, où leur rôle semblait devoir être si important, était si peu gagnée que le président du comité de l'artillerie, M. le général Lahitte, voulait que l'armement de l'expédition de la Baltique se fît avec des canons rayés, en fonte, de la marine, canons essayés à Gavres, et qui donnaient des résultats à peu près semblables à ceux obtenus par le commandant Lepage à Calais, c'est-à-dire de la portée sans justesse, ne trouvant pas que les études sur les canons Tamisier modifiés fussent assez complètes.

L'Empereur décida que l'armement de l'expédition, qui devait avoir lieu dans la Baltique, contiendrait 50 pièces de 24 rayées au nouveau système, et tirant des projectiles creux cylindro-ogivaux, à tenons fixes, pesant 25 kilogr. La commission s'assembla encore à Calais à la fin de 1855 et au commencement de 1856; une table de tir était dressée pour les nouvelles pièces, depuis 1,000 mètres jusqu'à 6,000 mètres.

Les rainures directrices horizontales étaient supprimées sur le projectile.

L'arrondissement du culot n'avait pas été adopté, mais la pièce avait légèrement été égueulée, ainsi que l'avait proposé le major de Chanal dans la commision de 1853.

Ces dernières expériences de Calais furent couronnées par un tir en brèche sur un ouvrage de fortification abandonné. Il fut alors démontré que ces nouveaux projectiles agissaient sur les maçonneries à l'instar d'une fougasse, c'est-à-dire que, pénétrant et éclatant à la fois, ils formaient une chambre bien autrement formidable que l'entonnoir obtenu par des projectiles sphériques, et qu'on pouvait ainsi, à une distance infiniment plus grande que la distance du tir en brèche ordinaire, faire une brèche praticable avec moitié moins de coups et par conséquent moitié moins de temps et de sang qu'avec les anciens boulets.

Depuis que l'Empereur s'était prononcé, le plus vif enthousiasme avait succédé au doute et même quelquefois à l'ironie. L'Empereur envoya au général vicomte de la Hitte le programme d'une pièce ayant le poids et le calibre d'une ancienne pièce de 4 et devant tirer des projectiles pesant 4 kilogr. C'était rentrer dans les véritables conditions du nouveau système, car, ainsi que le disait la commission de 1855, dans son rapport, le système de l'artillerie rayée a sur celui des armes portatives analogues l'énorme avantage que son perfectionnement, loin de s'acheter par une augmentation de poids qui rend l'usage de ces dernières douteux, s'opère au contraire par un allégement tel qu'on double au moins les effets sans toucher au poids de l'arme.

Une nouvelle commission fut assemblée à la Fère, pour la confection de cette pièce. Le major de Chanal, qui cependant n'avait demandé d'autre récompense que celle d'être attaché à tous les travaux qui se feraient sur le système Tamisier, qu'il avait si heureusement modifié, n'y fut pas appelé et dut rester à son corps.

Plusieurs changements furent encore apportés à la pièce et au projectile, mais aucun n'affecta l'essence même du système, qui resta tel que l'avait proposé la commission de la Fère, et expérimenté avec tant de succès celle de Calais, c'est-à-dire des rainures en hélice, dont la face directrice du tir est inclinée, rainures dans lesquelles entrent des tenons en zinc, rapportés d'une manière fixe dans la partie cylindrique du projectile, et que la force de l'expansion de la poudre vient ajuster contre le bronze de la pièce, enfin, le projectile, à sa partie cylindrique lisse, étant définitivement admis que les rainures horizontales du système Tamisier ne produisaient aucun effet utile.

La commission de Calais avait demandé des études sur la position qu'occupaient les rainures au fond de la pièce; il n'était pas indifférent pour l'équilibre du projectile que celui-ci, au moment de l'expansion des gaz de la poudre, reposât sur un tenon dans sa partie inférieure ou sur deux dans sa partie moyenne. La commission de La Fère, en adoptant six rainures et douze tenons, obvia à cet ordre d'inconvénients. De plus, elle fit rétrécir les rainures vers leur extrémité, et l'ailette touchant les deux faces lorsque le projectile est en place, on évita ainsi un choc destructeur qui avait lieu lorsqu'il quitte, au moment de l'explosion, la face directrice du chargement pour s'appuyer sur la face directrice du tir. Ainsi faite, la pièce est inusable et le tir encore amélioré.

La commission apporta encore un changement à la forme des tenons. Ceux-ci, dans les pièces de 6, de 16 et de 24, essayées à la Fère et à Calais, étaient carrés. Pour le tir de guerre, cette forme n'avait aucun inconvénient, mais pour le polygone, où les projectiles doivent servir plusieurs

fois et où par conséqnent les vieux tenons doivent être
remplacés par des neufs, il n'en est pas de même. En effet,
le métal est refoulé dans sa mortaise et il est difficile de l'en
arracher sans endommager celle-ci. La commission donna
la forme ronde cylindrique à ses tenons ; la mortaise peut
alors facilement être vidée au moyen d'une mèche anglaise.

Un matériel complet, voitures, affûts et caissons, fut
exécuté pour les nouvelles pièces, et en 1857, au mois de
mai, date qui sera mémorable dans les fastes de l'artillerie, une pièce rayée, tirant des projectiles cylindro-ogivaux à
rotation et forcement, avec affût et caissons, fut présentée
à l'Empereur dans la cour du dépôt central de Saint-Tho-
mas d'Aquin.

Tout le monde connaît les résultats obtenus grâce à
l'énergique et intelligente intervention de l'Empereur : les
pièces rayées à longue portée et à projectiles creux, donnèrent dans la campagne d'Italie des résultats immenses et
inattendus. En effet, tandis que les bouches à feu des Autrichiens atteignaient à peine nos premières lignes, nos
boulets creux allaient éclater au milieu de leurs dernières
réserves ; tandis que leurs boulets et leurs obus n'avaient
qu'une justesse médiocre, les nôtres, agissant avec précision, démontaient les pièces, brisaient les colonnes et les
désunissaient même au milieu de leurs dernières positions,
et les projectiles de nos pièces ne vinrent-ils pas jeter le
désordre dans les rangs de la belle cavalerie autrichienne
au moment où, vers la fin de la bataille de Solferino, elle se
disposait à charger nos colonnes d'attaque ?

Mais ces succès obtenus à cette époque seraient moins fa-
ciles aujourd'hui, car toutes les puissances ont amélioré
leur artillerie. Il faut donc chercher encore, ne jamais se re-
poser, sous peine d'être inférieur à un moment donné ; il
faut donc, en conservant tous les progrès accomplis, en

ajouter d'autres encore. Le chargement rapide des pièces par la culasse en sera un. La multiplicité des pièces d'artillerie de petit volume, mais ayant une longue portée, en sera un autre; il faudra nécessairement aujourd'hui, en plus de l'artillerie de campagne, une sorte d'artillerie volante de pièces portées à dos de mulets accompagnant l'infanterie, et rendues aussi mobiles qu'elle, pouvant la suivre partout, pour protéger les manœuvres et faciliter la rencontre des masses à la baïonnette.

L'emploi de notre système de fermeture et des pièces d'artillerie se chargeant par la culasse, rendra le tir plus rapide, plus fourni, diminuera le personnel des servants, et obviera aux deux graves inconvénients auquel donne lieu le service actuel des pièces se chargeant par la gueule.

1° En obligeant deux artilleurs de se présenter devant la bouche du canon ;

2° En empêchant la possibilité d'ôter du milieu le vent du projectile.

Le premier expose des soldats à des blessures et à la mort; quelquefois on est, à cause de cela, quand la pièce est échauffée, obligé de cesser le feu au moment où l'on aurait le plus besoin de l'activer. Avec notre système, la pièce étant ouverte de part en part, il est facile de vérifier toujours son état, de passer un rafraîchissoir, de verser même de l'eau dans l'âme pour continuer le tir.

On peut, chargeant par la culasse, faire disparaître le vent, car on pourrait tirer des projectiles bien ajustés, et si on ne le faisait pas disparaître entièrement, on pourrait le diminuer sensiblement ; on pourrait le faire complétement disparaître en revêtant le projectile d'anneaux ou de chemises en métal moins dur que celui de la pièce; de plus, avec le tampon qui se trouve à la base de la cartouche, on enlève tous les effets du vent.

La charge par la culasse des pièces d'artillerie présente-
rait donc de nombreux avantages qu'il serait trop long
d'énumérer ici ; il est probable que la pensée qui a triomphé
de la force d'inertie opposée si longtemps au rayage des
pièces, triomphera encore en faisant appliquer le chargement par la culasse aux pièces d'artillerie.

De la supériorité du tir précipité sur le tir précis et de la possibilité d'obtenir les deux effets avec nos armes se chargeant par la culasse.

On a beaucoup discuté sur l'importance du tir précis, et
sur l'inutilité nuisible, disait-on, il n'y a pas longtemps
encore, du tir prodigué, possible seulement par le chargement des fusils par la culasse. Le procès est vidé aujourd'hui ; à longue distance, le fusil qui porte juste sera
supérieur au fusil pouvant prodiguer son feu au hasard ;
mais à courte portée, c'est le tir prodigué qui fera taire
le tir précis. Lorsque, en effet, une troupe brave reçoit dix coups pour un, elle est enveloppée d'une grêle de
plomb tellement épaisse et formidable, qu'elle ne peut
pas y riposter ni tenir une position, et sera toujours,
quel que soit son courage, forcée de lâcher pied. Il faut
donc nécessairement, aujourd'hui, armer avec des fusils
pouvant donner un tir précipité dans les limites du possible, et tâcher d'obtenir en même temps de la portée et
de la justesse de tir : telles sont les conditions que présente
l'arme que nous avons créée, et sur laquelle nous appelons
aujourd'hui l'attention. Sera-t-elle trouvée bonne, et nos
opinions sur l'armement seront-elles acceptées? nous
n'osons l'espérer ; seulement on nous rendra justice de
reconnaître que nous avons fait de nombreux et intelli-

gents efforts pour arriver à un résultat digne d'examen. Si nous nous sommes trompé sur certains points, nous reconnaîtrons nos erreurs avec franchise, nous chercherons à les mieux étudier, heureux si par une persévérante étude, nous arrivons à un utile résultat, résultat qui montrera des effets bien plus grands et plus importants encore, lorsqu'on appliquera notre système de chargement des pièces par la culasse avec fermeture à grosse vis excentrique.

Conditions auxquelles doivent satisfaire un bon forcement des projectiles dans les armes rayées, et qui ne peuvent être obtenues que par les armes se chargeant par la culasse.

1° Le forcement doit être assuré, c'est-à-dire que la balle doit s'imprimer dans les rayures d'une quantité suffisante pour ne pas leur échapper pendant son trajet dans l'arme, et pour prendre le mouvement de rotation correspondant à leur inclinaison.

2° Le forcement doit être complet, c'est-à-dire qu'il ne doit rester aucun jour entre la paroi de la balle et celle du canon, afin d'éviter que les gaz, en s'échappant par ces jours, exercent une action égale sur tout le pourtour de la balle et la fassent dévier de sa direction.

3° Le forcement doit être modéré : tout excès au delà de la limite strictement nécessaire pour empêcher la fuite des gaz et pour obtenir que la balle suive l'inclinaison des rainures est, en effet, préjudiciable à la justesse du tir, à la tension (diminution de la flèche de courbure) des trajectoires, parce que les frottements qu'il engendre, déforment les balles et diminuent leur vitesse initiale.

4° Enfin le forcement doit être régulier, c'est-à-dire qu'il doit se produire à chaque coup de la même manière, condition essentielle pour la régularité du tir.

Ces conditions sont toutes remplies par les armes de notre système se chargeant par la culasse à l'aide de la vis excentrique.

Du tir.

Pour le tir, on a reconnu que, malgré quelques irrégularités appréciées seules des officiers, on devait considérer le tir à 200 mètres comme unité, et dire aux soldats d'apprécier une portée de fusil, deux portées de fusil, trois portées de fusil.

On pourra conserver ces indications même dans le tir des carabines se chargeant par la culasse, quoique leur portée soit bien supérieure; mais ce qu'il faut donner aux soldats, ce sont des notions simples d'appréciation, afin de leur permettre d'agir avec sang-froid et connaissance de cause.

Le moral du soldat est la première des conditions de succès à la guerre ; on doit tout faire pour lui inspirer la confiance. Dès le début d'une campagne, le soldat a connaissance de la portée et de la valeur des armes de l'ennemi, et il est toujours disposé à s'en exagérer la justesse.

Il importe donc, quelle que soit la distance à laquelle l'adversaire ouvre son feu pour engager la lutte, que les troupes soient convaincues qu'elles sont en mesure de lui répondre avec avantage.

C'est ce qui arrive aux soldats armés d'armes se chargeant par la culasse : ils savent qu'ils feront pleuvoir une grêle de projectiles à un moment donné ; ils attendent donc sans se presser ce moment, sûrs des résultats terribles qu'ils produiront, et bien que les beaux résultats de nombre de coups tirés en une minute et la justesse du tir qu'on obtiendrait à l'exercice ne se reproduisissent pas sur le champ de bataille, ce qui est inévitable néanmoins, ces résultats de vitesse, de précision et de longue portée donneront au soldat une confiance dans son arme, qui contribuera puissamment au gain d'une bataille.

RÉSUMÉ

—

Après avoir étudié avec le plus grand soin toutes les modifications apportées aux armes à feu portatives et à l'artillerie, après avoir signalé les défauts inhérents à certains systèmes, et montré les progrès accomplis, nous nous résumons en disant que, puisqu'il y a nécessité absolue aujourd'hui, il faut absolument adopter des armes se chargeant par la culasse avec un mécanisme interne, puisque, comme nous l'avons démontré, toute arme dont le mécanisme sera externe, sera vicieuse en principe, et présentera les inconvénients que nous avons signalés.

Nous nous sommes efforcé, en créant la fermeture à vis excentrique, pour les armes se chargeant par la culasse, de faire disparaître tous les défauts inhérents au mécanisme externe : c'est ce qui fait la supériorité de notre arme, et fera, je l'espère, son emploi devenir général.

En effet, notre arme répond à toutes les exigences : solidité, facilité de chargement, précision de tir, maniement facile ; son calibre peut être changé à volonté, et l'on peut appliquer de suite la culasse à vis excentrique aux armes actuellement en main, utiliser ainsi les canons des fusils actuels, les batteries et toutes les garnitures, en attendant qu'on en fasse avec un calibre plus petit. Celui de 10 millimètres serait préférable. Notre mode de fermeture s'applique à toutes les armes portatives, ainsi qu'aux pièces d'artillerie ; elle permet la réalisation du tir précis et précipité, par un chargement facile et prompt. On peut aisément tirer dix coups au moins par minute ; le fusil peut fonctionner indéfiniment sans avoir besoin de réparation ; nous avons en main nos fusils ayant tiré plus de 8,000 coups qui, à l'inspection des pièces, ne présentent aucune altération ni usure, et sont aussi beaux que s'ils sortaient d'un arsenal. Sa forme et son poids rentrent dans ce qui existe maintenant aux mains des troupes ; les cartouches peuvent être faites par les soldats eux-mêmes, et ne demandent ni machines ni ouvriers spéciaux, elles sont rendues hydrofuges, et ne sont jamais altérées par le contact de l'humidité, ni par l'eau, puisque dans nos expériences, nous avons pu en laisser plusieurs jours séjourner sous l'eau, sans avoir après aucun raté dans le tir.

Tels sont les résultats obtenus par notre système, sur lesquels nous appelons l'attention, et que nous soumettons franchement à l'examen. Aussi, plein de confiance, nous attendons le jugement de l'*avenir*.

FIN.

TABLE DES MATIÈRES

FIN DE LA TABLE.

PARIS. — IMP. SIMON RAÇON ET COMP., RUE D'ERFURTH, 1.

PARIS. — IMP. SIMON RAÇON ET COMP., RUE D'ERFURTH, 1.